歴史文化ライブラリー
198

宿場の日本史

街道に生きる

宇佐美ミサ子

吉川弘文館

目次

五街道と脇往還――プロローグ

外国人のみた東海道の宿

元禄四年（一六九一）、オランダ商館付属医師であったドイツ人ケンペルは、五代将軍徳川綱吉《つなよし》へ拝謁《はいえつ》のため、長崎の出島《でじま》から江戸参府《さんぷ》の約一カ月にわたる旅に出た。彼は長期にわたる旅のつれづれに、街道の風景・宿場の様子・建物・旅をする人びとの服装や携帯品・宿泊施設・街道に暮らす人びとのことなど微《び》に入《い》り細《さい》にわたり記している。かくもよく見聞しメモしたかと、その根気と濃密な文体は読者を魅了する。ケンペルが記した旅行日記は『江戸参府日記』（斎藤信訳、東洋文庫三〇三、平凡社、一九七七年）と題され、今日、外国人が体験した江戸時代の旅の貴重な資料として研究者には利用されている。では、ケンペルは、当時の旅行や街道の様子をどのように見聞し、書き留めていたのだろうか。まず、ここでは、東海道の小田原宿についてみてみよう。

ケンペル一行は、同年三月十一日、小田原に到着している。

四時半に小田原の町についた。（略）町の外側には門と番所があり、両側にはきれいな建物がある。町筋は清潔でまっすぐに延び、そのうちの中央の通りは特に道幅が広い。外郭の町々を含めると、半時間では通りすぎることはできない。およそ一〇〇戸ぐらいの家々は小さいけれども、小ぎれいで大抵白く塗られていた。多くの家は方形の土地に小さな庭園を設けていた。城には白壁造りの新しい三重の天守閣があって人目をひきこれは城主の住いである。（以下略）

ケンペルの右の文言から、当時の代表的な宿場の様相が想い起こされるだろう。またケンペルは、次のようにも言う。

「街道は幅広くゆったりとしている」ので旅人どうしが接触することもなく、左側通行の習慣となり、しかも、しっかりと守られていること。「街道には一里塚が築かれ」、里程が表示されているので旅人には大変便利であったこと。「国や大・小名の領地」の境が明示されていること。街道の分岐点には、道標《みちしるべ》があり、この道がどこへ通じているのか、距離が明確であり、旅人は迷うことなく旅行ができる。また旅人は旅をしつつ、街道の自然の風景を楽しませるように木陰で休むこともできる。道路の整備もよく、雨に対しては排水溝もあり、雨水を防ぐ用意もあるなどと記している。なお街道に住んでいる人たちは、身分の高い人が旅行する場合には、街道を管理する人や、役負担を担っている人びとによって、街道の清掃をし、道路を清潔に維持するなど、いかに江戸時代の街道が整備されていたかを述べている。しかし、一方では、街道筋に汚物がたまっていること、旅籠屋《はたごや》の風呂や便所の不衛生なこと、交通を阻む関所や河川交通の不便さ、稚拙《ちせつ》な橋梁《きょうりょう》技術などを記すことも忘れてはいない。ところで、ケンペルのみたような江戸時代の街道や宿場《しゅくば》は、いつごろ整備され機能したのだろうか。

五街道の整備

〝すべての道はローマに通ず〟、古代ローマ帝国の覇者たちは、権力を集中するためにローマを中心に放射状に発する道路網の建設に努力を傾けた。江戸幕府を成立させた初代将軍徳川家康《いえやす》もそうであった。従来の戦国大名による分国的な交通体系から、江戸を中心とした交通網を整備することで中央に権力を集中させ、交通運輸の基礎固めをし、支配体制を維持しようと考えたのである。それが五街道《ごかいどう》の設定であり、江戸幕府の重要な政治政策の一つでもあった。

五街道とは、文字通り五つの街道で、江戸日本橋を起点として設定された交通路のことである。次の図1を参照されたい。

まず、東海道。この街道は品川から京都まで走る路線で、そこには五三の宿場が設置されていた。以下中山道《なかせんどう》は、板橋―守山、東海道の草津に合流し、京都までの計六九宿《しゅく》。日光道中は千住《せんじゅ》―日光《にっこう》までの計二三宿。奥州《おうしゅう》道中は宇都宮までは日光道中と同じ道中路で白沢《しらさわ》―白河《しらかわ》へと分かれる計二七宿。そこから奥州路へとつづく。甲州《こうしゅう》道中は、内藤新《ないとうしん》宿《じゅく》―上諏訪《かみすわ》までの計四四宿である。これらの幹線道路は、江戸―京都、江戸―日光、江戸―甲州、江戸―奥州を結ぶ大動脈で江戸時代における主要幹線であった。これらの幹線のそれぞれの持つ重要性は、周知のように東海道と中山道は江戸と京都、つまり幕府と朝廷を結ぶ路線で、特に東海道は風光明媚《ふうこうめいび》な太平洋に沿って走る街道であるため、東西文化交流の道として交通量も多く、もっとも重要視された。里程、約一二六里。

中山道は、本州《ほんしゅう》の山岳地帯中央部を通過し、江戸と地方をつなぐいわば経済交流の道であった。山岳地帯を通過し、江戸―京都間を結ぶ道路であるということでは、東海道より交通量は少ないが、臨時の大通行が多く、例えば日光東照宮へ特使として下向《げこう》する例幣《れいへい》使《し》や、和宮降嫁《かずのみやこうか》など、京都から江戸へ向かう公家《くげ》たちは、この中山道を通ることが多く、むしろわざわざ東海道をさけて通行した。里程一三五里余の長い道のりである。

日光道中二三宿。江戸―日光までの里程は三六里余。この道中は、江戸幕府の開祖徳川家康を祀《まつ》る東照宮参詣の道で、定期的に行われた日光社参《しやさん》のために設定された道であった。

奥州道中は、未開発地域への足がかりとして開設された街道で、東北・北関東諸藩との商品流通の道で商業の道としても重要であった。里程二一里余。

甲州道中は、幕府直轄領と直結するための政治街道である。里程五三里余の道のり。東海道や中山道の街道と比較すれば、わずかな道程には違いないが、甲斐《かい》武田氏の滅亡後も、江戸―甲斐という軍事路の重要性があり、注目すべき路線でもあったのである。

五街道付属の街道

なお、江戸時代の交通の大動脈ともいうべき五街道に付属する街道としては、東海道熱田《あつた》と中山道垂井《たるい》を結ぶ美濃路《みのじ》七次《つぎ》。そして佐屋《さや》路四次。これは海上七里渡しが渡れない場合利用される岩塚―佐屋間を結ぶ陸路。そのほか壬生《みぶ》道。これは将軍の日光参詣《さんけい》に利用される通行路。水戸―佐倉道は、徳川御三家《ごさんけ》の水戸領と徳川家譜代《ふだい》藩領を結ぶ道路。日光御成道《おなりみち》も将軍の日光東照宮《とうしょうぐう》への参詣路。そして、例幣使街道。これは、朝廷からの奉幣使《ほうへいし》が、日光東照宮へ参詣する重要な交通路である。それに本坂道。通称姫《ひめ》街道ともいわれる。東海道今切《いまぎれ》の渡しを避けて浜名湖北岸を迂《う》

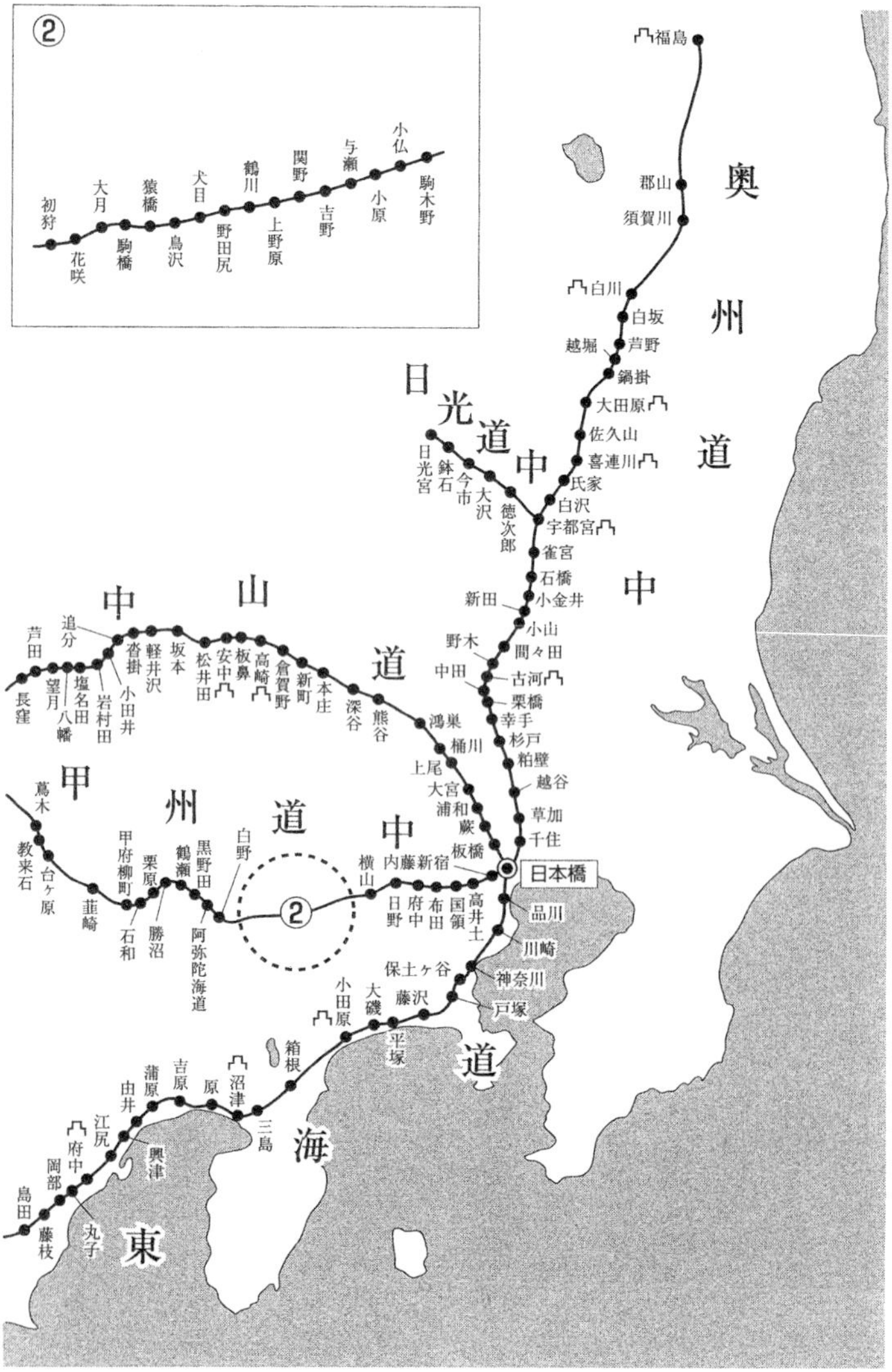

『日本交通史』より一部改変）

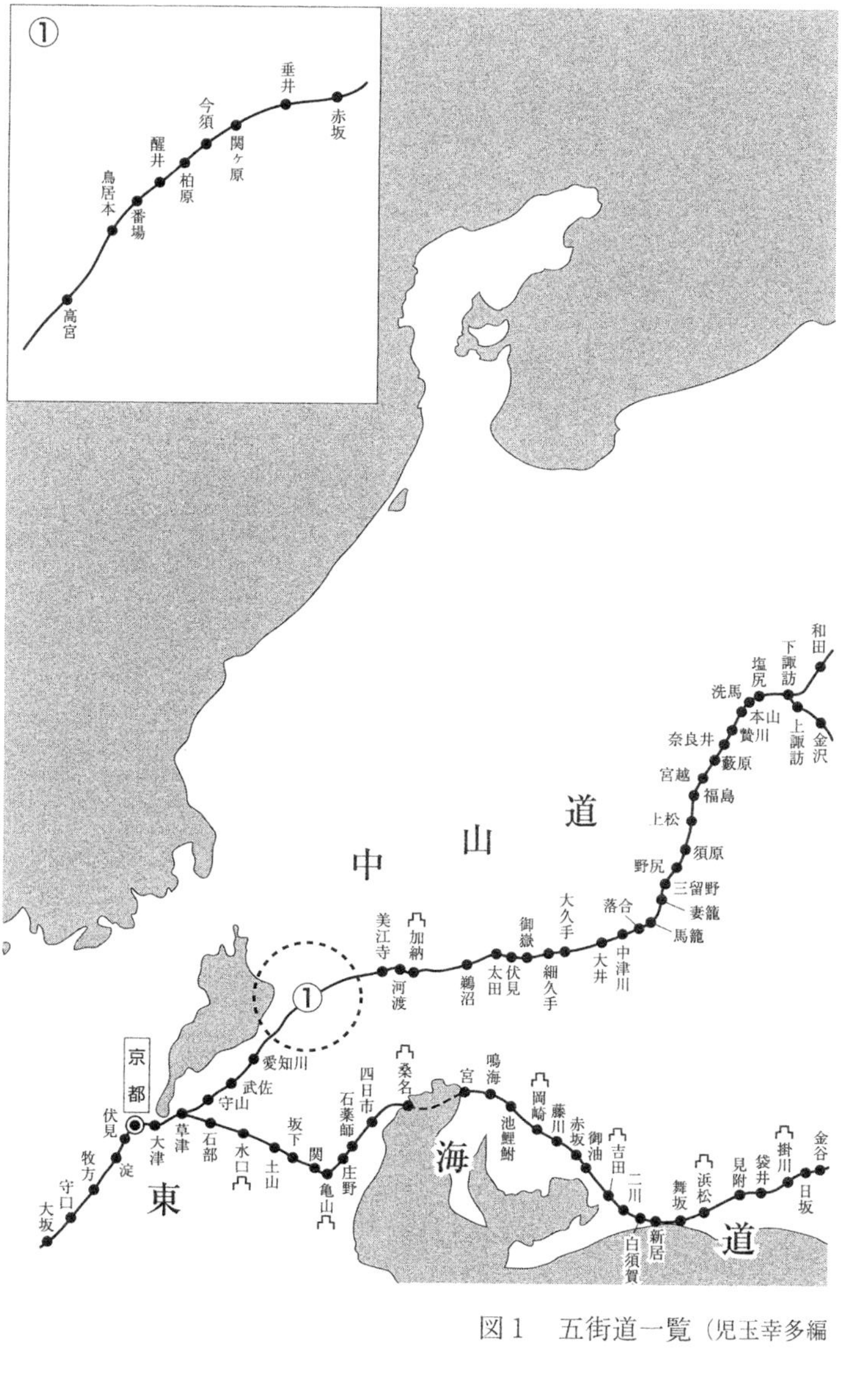

図1　五街道一覧（児玉幸多編

回《かい》する道路である。

これらの街道は、いずれも五街道に付属する主要道でもあり、幕府直轄《ちょっかつ》の道中奉行《ぶぎょう》の支配下にあった（日本史小百科『交通』東京堂出版、二〇〇一年）。

脇往還

五街道およびその付属街道は、幕府直轄の道中奉行支配下で運営されていたが、そのほかの脇道《わきみち》、脇街道といわれる道路は在地領主の管理に委ねられ、勘定《かんじょう》奉行が間接的にこれを支配していた。ここでは、矢倉沢往還《やぐらさわおうかん》を例に出そう。

南足柄《あしがら》市、神奈川県の西部に位置する人口四万四三二一人（二〇〇四年八月一日現在）の地方都市である。市域の半分以上が山間部で、ここの市域に江戸から駿州《すんしゅう》・甲州に通じる脇往還が走っている。この脇往還を矢倉沢往還と通称していた。この往還は、東海道を補う重要な脇往還として機能していた。矢倉沢往還は、江戸・駿河《するが》・甲斐・相模を結ぶ物資の輸送路として多くの人びとに利用されたので、「経済の道」とも呼ばれていた。

一方、富士山や相州大山《そうしゅうおおやま》への信仰の道でもあり領内外の善男善女が白装束で身を固め、講集団《こうしゅうだん》を組織し、歩いた脇道でもあった。今日でもその名残がみられ、ハイキングコースとなっている。

矢倉沢往還には、関所が設置され、箱根関所の裏関所として重要な通関任務を果たしていた。とくに、商品流通に関しては厳しい監視下におかれ、物資にかかる通関税というべき、十分の一銭を徴収していた（『南足柄市史』6南足柄市、一九九九年）。

脇往還には、主要街道と同じように常備人馬《じんば》も設置され、継立《つぎたて》業務を果たしていたが、領民はもちろんのこと一般庶民の通行は比較的自由で「庶民の道」として大いに利用され、旅籠屋・茶屋・煮売屋《にうりや》などの農間渡世《のうかんとせい》者も増加し、旅人たちの便宜がはかられていた。

宿場とその運営

宿駅と機能

宿駅の設定

近世初頭の慶長から元和年間（一六一五～二四）にかけて街道に宿駅《しゅくえき》が設定された。宿駅とは、交通運輸の駅伝業務を扱うために設定された「都市」のことである。

江戸時代の宿駅は、かつて戦国大名が設定した宿駅をそのまま踏襲《とうしゅう》したところと、あらたに幕府が指定した宿駅とがあり、いずれも宿駅として指定されたのは、公のための運輸に関しての重要な役割を果すために創設されたものであった。その重要な役割とは、大別すると二つあり、第一は旅人や旅人の荷物を宿から宿へと輸送する役目で公儀役《こうぎやく》として の人足《にんそく》や馬が輸送業務に携わり、機能を果すことにある。もう一方は、公の旅行者のための宿泊機関を提供し、公家《くげ》・諸大名・幕閣《ばっかく》の役人、公用の武士の旅宿の利便に供することであった。したがって、各街道の宿駅には公儀の輸送に必要な人足や馬が常時用意され、いつ、いかなる場合でも、公の旅行者や荷物の輸送が滞《とどこお》りなく行われていたのである。

図1（六頁）を再び参照されたい。これら主要街道でもある五街道《ごかいどう》には、それぞれ宿駅が設定され、宿駅としての役割や機能を果していたのである。幕府は、これらの主要街道を直接支配下におき、中央集権的な交通輸送体系を確立するため、各街道に宿駅を設置しそれぞれの宿駅に公儀役としての伝馬制《てんませい》を布《し》き、その代償として屋敷の地子《じし》（地代）を免除した。

伝馬のお役

慶長六年（一六〇一）正月、家康は東海道各宿に「御伝馬之定《おてんまのさだめ》」と題する五ヵ条の「定書《さだめがき》」を下付し、ここに公儀の御役として宿駅における伝馬負担役を確定することになったのである。その「定書」とは、つぎのようなものである。二、三例をあげてみよう。

御伝馬之定

一、三拾六疋《さんじゅうろっぴき》に相定《あいさだめ》候事《そうろうこと》

一、上口ハ藤沢迄《まで》、下ハ神奈川迄之《の》事

一、右之《の》馬壱疋《いっぴき》分ニ、居屋敷《いやしき》五拾坪宛《ずつ》被《くだされ》レ下候事《そうろうこと》
一、坪合千八百坪、以二居屋敷一《いやしきをもって》可レ被二引取一事《ひきとられべきこと》
一、荷積壱駄《だ》ニ卅貫目之外付被レ申間敷候《もうされまじくそうろう》、其積ハ坪次第たるへき事
右之条々相定上者《のじょうじょうあいさだめのうえは》、相違有間敷者也《そういあるまじきものなり》

慶長六年正月

伊奈備前㊞
彦坂小刑部㊞
大久保十兵衛㊞

ほどがや
年寄中

この「定書」によれば、公儀の御役とは三六疋の馬のことであり、三六疋の馬をいかなる場合でも義務として提供するということである。この三六疋という馬数は東海道の各宿が共通している。ところが、坪《つぼ》数が宿によって異なる場合がある。例えば、前出の「ほどがや」だと「壱疋分」について「居屋敷五拾坪」とあり「坪合千八百坪」と明記されているが、府中宿の「定書」では「御伝馬之定」とあり、第一条の「三拾六疋」は同じだが、

第三条には「右之馬数壱疋分ニ居やしき四拾坪宛、被レ下事」「坪合千四百四拾坪、居屋敷を以可レ被二引取一事」とある。また藤沢宿では、「居屋敷壱疋分ニ七拾坪」「坪合弐千五百弐拾坪」と記されている。なお三島宿（静岡県）では一〇〇坪、同じ東海道の宿、品川宿（東京都）では一三〇坪と、宿によって一疋あたりの坪数が異なり、各宿駅の伝馬役負担が統一されていないことを示すもので、慶長六年の時点では、地子免除（地代・広義の年貢）があいまいな状況にあったのである。

ところが、寛永十二年（一六三五）、参勤《さんきん》交代《こうたい》制《せい》の実施にともないしだいに交通量も増大し街道が整備されると、伝馬役も固定化され、寛永十五年には、居屋敷の地子が、東海道で一律に伝馬一疋につき一〇〇坪の地子の免除をし、一万坪になったのである。このように、伝馬役の一元化は宿に課せられた公儀の役が明確に位置づけられることによって、宿駅制の確立をみるのである。

人馬継立と囲人馬

では、伝馬役はどのように決定づけられ、どのように宿が負担したのだろうか。つぎに概略しておこう。まず、主要街道である五街道に課せられた伝馬役は、東海道では各宿一〇〇人の人足と一〇〇疋の馬を提供することであった。これらの人馬は、常時、宿に置かれ、公儀の役を果すことになっていた。中山道には五〇人五〇疋の人馬、甲州・奥州・日光の各道中には二五人の人足と二五疋の馬が用意され、継立《つぎたて》の業務を果していた。

ところで、宿駅は町並《まちなみ》居屋敷地《いやしきち》が街道に沿って並列的に拡がりながら町を形成し、これらの屋敷所有者が、伝馬役負担者で当初はその割当が表間口《おもてまぐち》を単位とした間口割《わり》であったと推定される。例えば、東海道三島宿の例をみると、万治三年（一六六〇）には、居屋敷と持屋敷へ伝馬役の間口割分担が割付けられている史料が残存していることが知れる（『三島市誌』中、三島市、一九五九年）。ただし、この負担の割合がどのような基準によって行われたものであるかは、はっきりしない。

人馬継立には、人馬の遣《つか》い方がある。宿駅に常置されている人馬一〇〇人一〇〇疋を全部遣い切ってしまうと、緊急の場合に困難を生ずることになるので、宿に、いくらかの人馬を温存しておく。道中奉行所は、享保十年（一七二五）に馬五疋を、問屋場に囲馬《かこいうま》として留置することを通達した。

御定宿馬百疋之内囲馬五疋、享保十年被仰出候《おおせいだされそうろう》、急度相囲《きっとあいかこみ》

つづいて宝暦八年（一七五八）には囲馬一五疋を留置することになり、

〆《しめて》囲馬廿疋引

残馬八拾疋

となった。

このように人馬継立に際し、宿馬一〇〇疋を全部遣い切らず、宝暦八年の段階では、八〇疋の残馬を宿に留置することを囲馬と称した。囲馬はあくまでも、緊急の場合に備えてのためのものである。同様に人足も御定宿人足《おさだめじゆく》一〇〇人の内、囲人足《かこいにんそく》五人が享保十年に、「急度相囲」ということで、宿内に留置された。つづいて宝暦八年には、囲人足二五人で、

〆囲人足三拾人引

残人足七拾人

ということになり、宿馬は八〇疋遣い切ると助郷《すけごう》へ割当て、宿人足は七〇人までで、助郷から人足を徴発《ちようはつ》することになる。

このような人馬の遣い方を「七・八遣い」などと呼んでいる（児玉幸多『宿駅』日本歴史新書、至文堂、一九六〇年）。ところが、囲人馬をめぐって、宿と助郷村では双方の利害衝突がおきている。宿・助郷村の対立は、人馬の遣い方をめぐっての紛争にまで発展し、なかには騒動から役負担拒否、一揆《いつき》と対立がエスカレートするケースが多い。これについて

は後述する。

間口割から石高割へ

ところが、伝馬役負担は、間口割が一般的と考えられていたが、三島宿では寛文四年（一六六四）以降には全町高割《たかわり》に改められている（『三島市誌』一九五九年）。これは、間口割に対し町民の不平不満が募ったからで、間口割が必ずしも同一の条件下で割当てられたのか、それを証明する根拠はなく、繁忙《はんぼう》している町と、そうでない町では経済的格差が著しく生じることになり、それらが持つ矛盾《むじゅん》を考慮したものであったと考えられる。つまり、機械的な間口割では、各個人の負担が均等化されないということを考慮し、石高割《こくだかわり》へ移行し伝馬役負担の平均化をはかったものといえよう。

もう一つの例をあげよう。東海道川崎宿（神奈川県）。この宿でも、当初は間口割であったものが、役負担の不均等が町によって生じてきた。すなわち、生産性の低い農民層が、次第に経済力を持つようになったため、所有高の高い層より負担が重くなったという矛盾が露呈《ろてい》してきたのである。このため、役負担の平均化をはかる意図で、間口割から石高割への変更を認めることになったという（三輪修三『東海道川崎宿とその周辺』文献出版、一九九五年）。

東海道小田原宿の生態

城下町を兼備した小田原の宿

東海道小田原宿。現在の神奈川県小田原市である。小田原宿は、江戸から西へ約二〇里余、品川宿より数えて九番目の宿駅である。東に急流の河川酒匂川《さかわがわ》があり、西は天下の嶮《けん》といわれる険阻《けんそ》な箱根山を控え、戦国時代は後北条《ごほうじょう》氏の支配下にあり、江戸時代は譜代《ふだい》藩老中《ろうじゅう》大久保氏支配の城下町としてつとにその名を馳《は》せ、府中宿（静岡県）と並び繁忙《はんぼう》をきわめた都市であった。

小田原の宿機能は、戦国時代、後北条氏治世の天文年間（一五三二〜五五）にはじまる。当時、小田原は関東への入口で、箱根越えの発・終着の宿泊地として多くの旅行者が宿泊した。

『相州古文書《そうしゅうこもんじょ》』には、後北条氏発給《はっきゅう》の「伝馬手形《てんまてがた》」が散見されるが、これは、小田原本城と支城との往復物資輸送など、主として「公方伝馬《くぼうてんま》」に関して小田原が交通輸送の重要な結節点であったためである。

東海道の宿駅の中で、城下町を兼備した宿駅は数少ない。小田原宿は、城下を中心に都市が形成されているということからは、城下町内に形成された宿場町という都市の形態を有し、戦国期以来の防衛型都市としての機能を果してきた。

一般に、城下町は、城郭《じょうかく》を中心に形成され、その周辺には家臣《かしん》団、さらにそれらをとりまく下級武士団・商工業者などが、都市に集住している。小田原もそれに洩《も》れることなく構造的には典型的な城下町の形態を有する都市である。図2を参照されたい。

この図は、天保期（一八三〇～四四）のものだが、城郭を中心に町割《まちわり》がなされ、内堀周辺には上級家臣団の居住地が配置され、それぞれ城郭を囲繞《いにょう》し、さらにその周辺に下級武士が居住し、外円地域には町屋《まちや》が形成され、足軽《あしがる》長屋が混在していた。

戦国期には、武家屋敷と町屋は、明確に区別され、町屋はギルド的商工業区としての独立した職人町の展開がみられたが、江戸中期から後期にかけて、交通の発展にともないその機能も限定され東海道筋の町並に移った。

それゆえ、町屋は主として南側の相模湾に面し、東西に走る東海道筋に成立した。そしてそこに居住する人びとは、町共同体のリーダーたちが多く居住し、戦国期以来の有力な商人層・家持《いえもち》層・地主層が町並の中心部を形成していた。町屋は、西側上方口（箱根方面側）から東側江戸口（下り江戸への進行方向）まで東西二〇町六間、南北は九町五〇間である。なかでも東海道筋の町は九町あり、この九町がメインストリートであった。そのほか、脇町として北西方面、甲州《こうしゅう》へと抜ける街道に沿って六町あり、さらに、南側に四町あり、計一九町から構成されている「都市」であった。

くわえて、小田原宿は、城下町の特色を示す小路《こうじ》が多く、東海道から南側海岸地帯へと抜けるが、その小路は袋《ふくろ》小路で遠方が望見できず、しかも道路も狭く、城下町特有の町《まち》割《わり》となっている。東海道の幅員は平均四間、しかし、この道路の幅員は、二間にも満たない。

家持・店借と宿運営

さて、天保十四年（一八四三）の調査では、小田原宿惣《そう》町《ちょう》の戸数は一五三二軒、このうち、家持層が一二八一軒で、全戸数の八〇％を家持層が占めているのである。つまり、これらの家持層が伝馬役の負担者なのである。

ところが、安政六年（一八五九）の段階では、戸数自体一四五八軒に減少し、家持層も

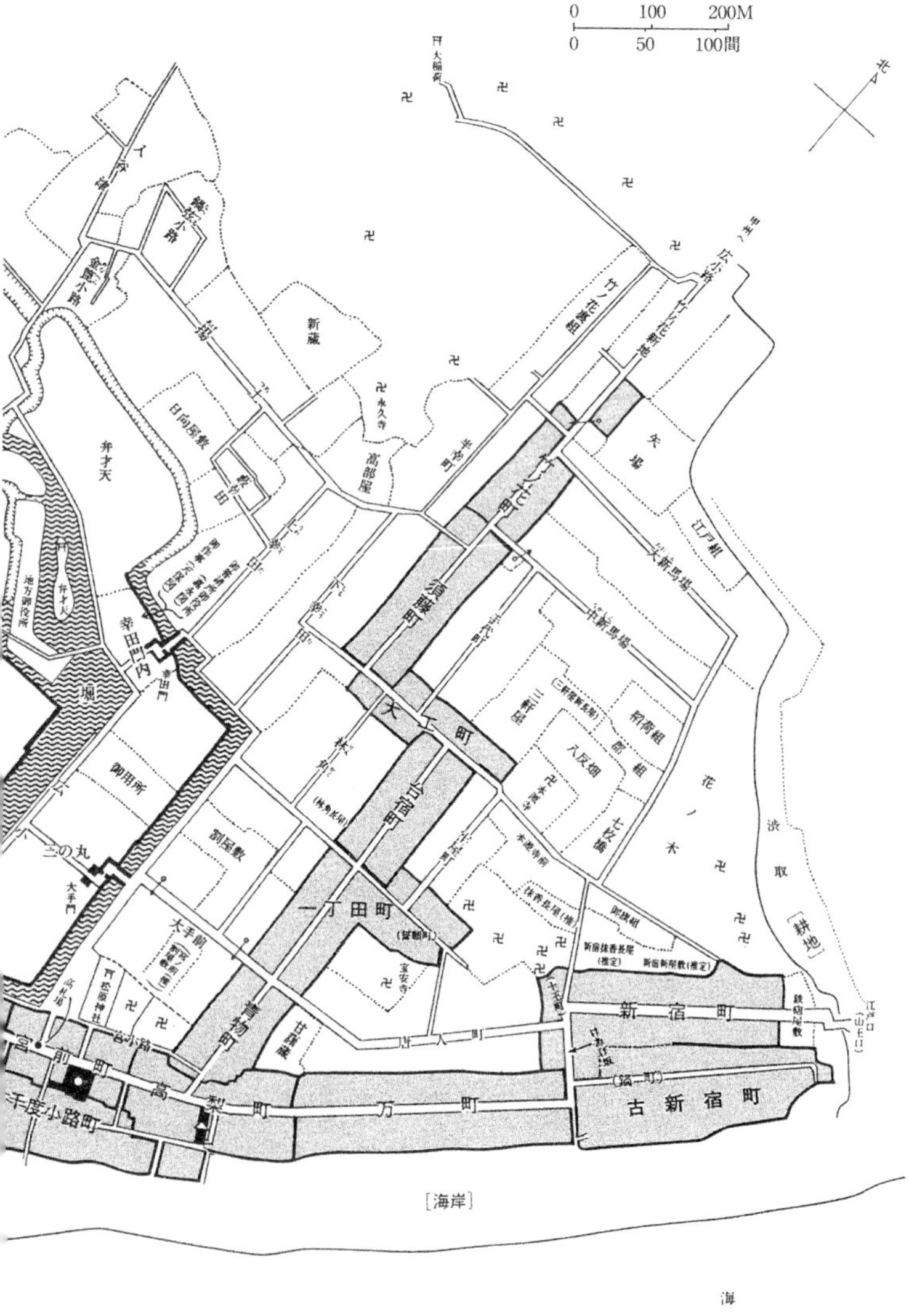

(作図：中村静夫，中村地図研究所，1979年)

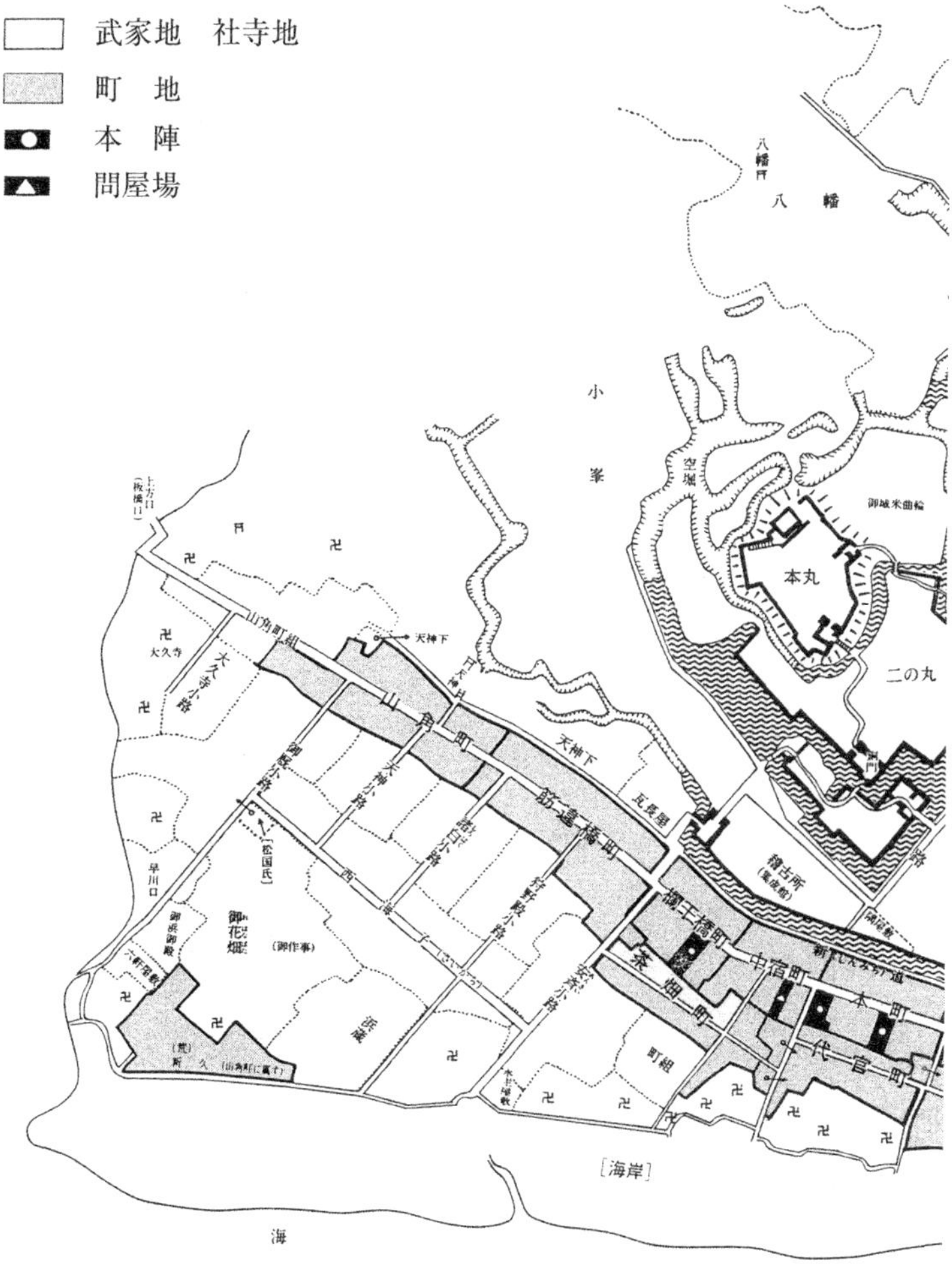

図2　江戸時代（末期）小田原地名図

図3　問屋場風景（葛飾北斎「小田原」『浮世絵が語る小田原』夢工房）

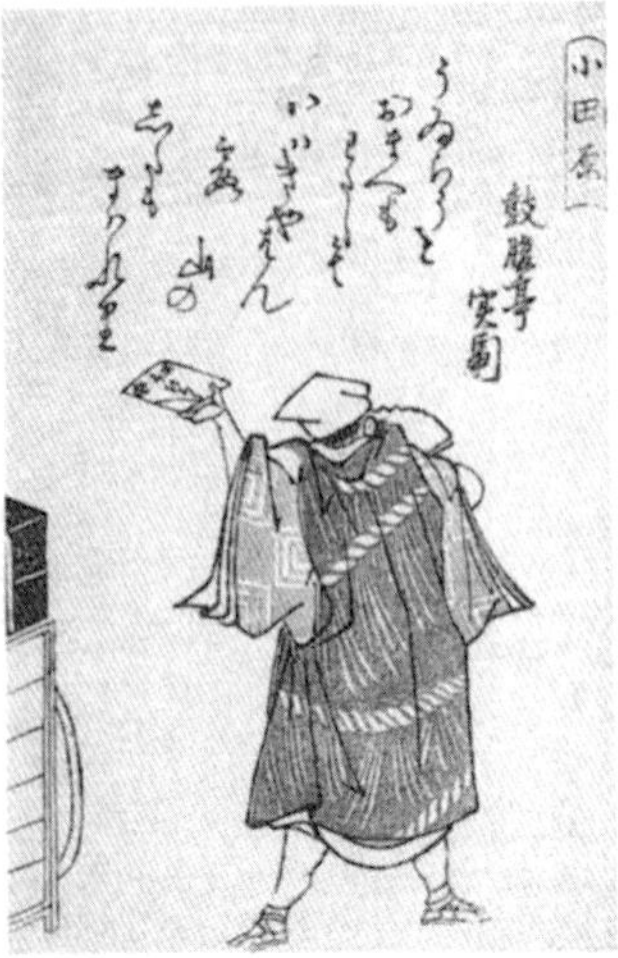

図4　ういろう売の口上（歌川豊広「小田原」『浮世絵が語る小田原』夢工房）

七五七軒、五一%と極端な減少傾向を示している。しかし、逆に明屋敷《あきやしき》（空き家）が五〇軒と増加している。戸数・家持層・店借《たながり》層も大幅に変化し、万町《よろずちょう》という町では一〇五軒もあった家持が一三軒と極端に減少するなどの現象が起きている。逆に店借層は、それほどの変化はみられないのである。明屋敷の増加は役負担の過重により不在者が増加したことを示したもので、家持層の分解がはなはだしいということであり、役の重さを象徴しているると言わざるを得ない。そこで、各町は役負担を遂行するため多額の借財を抱えつつ辛《から》くも切り抜ける努力をしていたものと考えられ、その諸例として、小田原宿の本町《ほんちょう》という町の仕法《しほう》を紹介してみる。本町では、間口一間《けん》を単位として月掛金《つきがけきん》を徴収し、これを藩の仕法役所に高利で貸付けて、その利子を年賦《ねんぷ》で返済していた。また、町内で消費する油・薪《たきぎ》・紙・ろうそくなど日用品を大量に廉価《れんか》で仕入れて販売し、利益の一部を返済にまわしていた。こういう例はほかの町も同じで、工夫しつつ苛酷な人馬《じんば》役負担をしていたのである。

つぎに、宿運営についてふれておこう。宿の運営は一般に町人によって運営される。しかし町人といっても、家持層・店借層・地借《じかり》層などの階層に分別され、そのうち、役を負担する家持層が宿運営に携わるリーダーたちであった。具体的に例をあげておく。

小田原宿の場合、後北条氏の時代以来の行政組織がそのまま継承されており、町方《まちかた》三役が宿運営の実権を掌握していた。

これらの宿運営に携わる町人層は、家屋敷を所有し、地子《じし》免除の対象者で、なかには苗《みょう》字《じ》・帯刀《たいとう》を許されるという特権を有していた。いわゆる宿役人と呼ばれている人たちである。宿役人は、原則として、問屋二人・年寄三人が宿運営の中核を担い、その下に問屋代《といやだい》一人、馬差《うまさし》六人、見習三人、帳付《ちょうづけ》二人が配置され、人足肝煎《にんそくきもいり》二人、人足手代二人、帳面役三人、人足賄方《まかないかた》一人、日〆役《ひじめやく》二人、伝馬方働《はたらき》四人、同小働《こばたらき》（人数一定せず）、定働《じょうばたらき》（人数一定せず）から構成されている。問屋は世襲制で本陣経営者が兼任している。小田原宿の場合、宿に関しての役負担がかなり多岐にわたり、他宿よりも組織も複雑である（『片岡家文書』小田原図書館蔵）。

例えば品川宿では、問屋二人、年寄四人、帳付六人、馬差六人、人足差二人、迎番《むかえばん》二人、ほかに下働の者が四人という構成である。そのほか、宿役として、名主四人、書役《かきやく》三人、宿方入用払方《しゅくがたいりようはらいかた》百姓内三人、定使《じょうつかい》三人、旅籠屋店頭《はたごやたながしら》三人（『品川町史』昭和八年刊）などとなっている。

川崎宿でも、問屋三人、問屋代四人、年寄五人、帳付六人、人馬指一一人で運営されている（三輪修三、前掲書）。そのほか、小田原宿には、宿老《しゅくろう》という名誉職がいた。「宿老」は後北条以来の由緒を有する者で、外郎以春《ういろういしゅん》で、「ういろう」という薬種《やくしゅ》問屋を経営し、世襲《せしゅう》である。市川団十郎《だんじゅうろう》の歌舞伎十八番のういろうの名せりふは全国的に有名であることも伝えておこう。

問屋・年寄

人馬継立《つぎたて》業務の責任者で、宿駅を経営する機関のなかでも重要な役割を担っているのが問屋である。各宿駅には問屋場があり、街道の中ほどに設置されている。上・下二ヵ所に配置されていることが多く、交代で勤める。人馬継立に関する事務は、ほとんどここで行われる。総体的に間口は約五間・奥行五間ぐらいの規模が一般的である。問屋は、前述したように、本陣《ほんじん》職を兼ねている場合が多く、一種の名誉職であり、小田原宿の問屋の場合、「給米七石《こく》」が下賜《かし》されているが、内訳は問屋二人が四石九斗《と》、残り二石一斗が、人足肝煎《きもいり》二人に頒配されている。しかし、問屋役は人馬継立の総括をするという。名目はきこえがいいが、『民間省要《みんかんせいよう》』（村上直校訂、有隣堂、一九九六年）には、次のように記されている。

一、二十俵宛《ずつ》一宿へ給はる御米も宿々の品様々なり。宿により問屋一人にて申請《もうしうく》るも有。二・三人にて給はるも有。又送御状箱の役に懸《かか》つて、名主・年寄迄《まで》大勢にて分け取も有。且《かつ》又宿々問屋前にて馬より取の口銭《こうせん》なとも、其日の当番の帳付、月行《つきぎょう》持《じ》の取て其日〱の渡世《とせい》の為にするも有。又其日の薪・筆・墨・紙の入用《いりよう》ニ成所も有て、更に問屋の物ニ成はすくなし。古しへは、所々の三度荷物・宿々の問屋之着て通りしに年中余慶《よけい》の事も有しよし今は其事曾《かつ》てなければ、惣して問屋と言物《いうもの》に損のみ多して益すくなき所多し。

（以下略）

つまり、問屋役は、権限は、有るようで無きに等しく、人馬継立の業務を果たすことだけに終始し、多忙で、経済的にも窮状であったのである。つぎに問屋役の補佐役が年寄である。年寄役は、各町の名主クラスが該当し問屋とは不可分の関係にある。

名主は、人足や馬指、助郷肝煎《すけごうきもいり》などの苦情処理機関でもあり、宿民に対する労役経費の徴収など、宿行政の責任ある役割を果たしていた。

人馬役

宿駅の町人の役負担でもっとも責任ある重要な役は、人馬役負担者である。東海道の宿駅では一〇〇人の人足と一〇〇疋の馬をそれぞれ常備し、それを確保しなければならない。そして、常にこれらの常備された人馬が、輸送任務に携わり、宿から宿へと継立をする。果たして、常備人馬はどのように割り当られ、配分されていたのだろうか。これも、小田原宿の例でみることにする。

表1は、小田原宿の伝馬、人足、その他町役を負担する町の割当を整理し、表示したものである。まず、馬役負担をする町をみてみたい。馬役を負担している町は、本町の二三疋を筆頭に七町が負担する。人足役は新宿《しんしゆく》町の一五疋以下一〇町が役を果たす。ところ

が小田原宿は宿高がないため、馬は、近隣村落より買い上げて、代金を支払うシステムで調達した。「日〆帳」には、「日々馬買上代金」として計上されている。

伝馬役負担からここでは、城下町全体にかかわる役負担はどうであったのかについて目をむけてみよう。

惣町の役負担

まず、惣町全体にかかわる町役負担内容を具体的に整理してみることにしたい（安政四年『御用留《ごようどめ》』）。これも、具体的な項目を小田原宿からとり上げた。

①用水水門の普請番《ふしんばん》・同川堰《かわせき》人足
②御船積地人足不足の折の助人足
③板橋口御番所の生垣植替《うえかえ》・芝刈・砂持清掃《すなもちせいそう》人足
④山角《やまかく》町前の水道普請人足
⑤祭礼の際の供の人足
⑥時の鐘撞堂《かねつきどう》普請人足
⑦町奉行役屋敷普請人足

さらに、具体例として、竹の花という町に課せられた負担内容は、

①御上使、御目付宿泊の際の台所　働《ばたらき》　人足四人

魚座役	無　役	海士方	地　役	人別 男	女	計	一戸当たり平均家族数
軒	1軒	軒	軒	74人	75人	149人	3.5人
				90	94	184	3.2
				191	183	374	4.2
1				73	76	149	5.0
				76	67	143	4.0
	6			169	174	343	3.4
4		2		229	242	471	3.9
27	1			149	126	275	3.2
3	2		7	267	264	531	4.1
				143	120	263	4.3
			21	87	83	170	4.0
				136	138	274	4.3
				87	92	179	3.6
39		27		329	269	598	5.1
				105	99	204	2.4
				215	210	425	4.1
				430	353	783	5.1
	4			122	132	254	5.0
			36	73	55	128	3.6
74軒	14軒	29軒	64軒	3,045人	2,852人	5,897人	4.0人

表1　安政6年小田原宿内一覧

町　名	家　数	家　持	割　合	店　借	伝馬役	人足数	明屋敷
本　町	42軒	29軒	69%	11軒	23疋	人	1軒
宮前町	57	39	68	14	22		3
高梨町	90	57	63	31	19		2
中宿町	30	27	90		14		
欄干橋町	36	28	78	5	12		3
筋違橋町	102	18	18	16	4	11	
万　町	121	13	11	15	3.6	11.5	
代官町	86	38	44	9	4	7	5
新宿町	130	75	58			15	12
須藤町	61	49	80	12		4	
台宿町	43	39	91	4		8	
壱丁田町	64	34	53	5		10.5	4
青物町	50	43	86	4		14	3
千度小路	118	45	38	7		7	2
茶畑町	84	61	73	13		7	10
山角町	103	79	77	19		5	5
古新宿町	154						
竹ノ花町	51	47	92				
大工町	36	36	100				
総　数	1,458軒	757軒		165軒	101.6疋	100人	50軒

※安政6年「人馬持立役屋書上帳」より作成.

②同夜番人足四人
③公家衆宿泊の際の台所働人足四人
④同夜番人四人
⑤御高家《ごこうけ》・御門跡《ごもんぜき》夜晩人足四人
⑥御茶壺到着の城内に詰夜番人足四人
⑦御鷹匠衆《おたかじょうしゅう》宿泊の台所働人足二人
⑧オランダ・唐人宿泊の台所働人足六人
⑨公儀囚人《こうぎしゅうじん》通行の際の尽夜《じんや》夜番人足四人
⑩宮前町通銀杏《ぎんなん》の実落し人足一〇人
⑪御肴《おさかな》御用人足

なお、表1にある魚座役、海士方《あまがた》役は、文字通り漁業を生業《なりわい》とする町人にかかる役負担で、魚献上、御用網《ごようあみ》の役儀である。

海士方役は、八〇戸の屋敷持が「役夫《やくふ》」として動員され、つぎのような役をする。
①御門跡、上下通行本人足不足の際の雇《やとい》人足
②板橋口番所生垣植替人足

③山角町前小屋用水水送人足、同水溜人足
④筋違橋町《すじかいばし》・欄干橋町《らんかんばし》境辻用水下水普請人足
⑤時の鐘撞堂普請作事人足
⑥用水普請人足

小田原宿の場合、宿高がまったくないため間口割となっている。文政二年（一八一九）の「欄干橋町坪帳《つぼちょう》」から一例を示すと、欄干橋町の表間口の長さは一五〇間余で屋敷持が二九軒あり、一軒の平均間口は五間余であるが、宿の中央部と宿端では間口の広さも異なるので、間口の長短によって役が決定されている。同町の総坪高は「三千百六拾坪半」とあり、このうち「千弐百六坪」が、「御伝馬百疋之内拾弐疋分、壱疋ニ付、百坪」の地子免除があり、残りの「千九百六拾壱坪半」に役負担がかかっていた。

間口の最大は、源蔵という屋敷持町人で八間余もあった。ちなみに、この町の内訳を参考までに述べると、以珊《いさん》というのが五軒分の土地を所有し、それらを合わせると三〇〇坪となる。これは、前述したように宿老で薬種問屋を営む特権商人である。

つぎに六間余の間口を持つ彦十郎もまた、前期は清水伝左衛門と名乗り本陣経営者であった。

以上、町役について小田原宿を例に概略したが、これだけみても町人の役負担は過重であったといわざるを得ない。そしてまた、これらの町人によって、宿は支えられ宿駅としての機能・役割を果たし得てきたのである。

無賃人馬継立

人馬継立は、無賃と御定《おさだめ》賃銭と相対《あいたい》賃銭とに大別でき、無賃は御朱印《ごしゅいん》状《じょう》、御証文持参の継立に限られていた。御朱印とは将軍の朱印状、御証文とは老中・京都所司代《しょしだい》・大坂《おおさか》町奉行、駿府《すんぷ》城代・勘定奉行《かんじょうぶぎょう》が発行した証文である。享保八年（一七二三）、「道中方覚書」によれば、朱印状が発行されるのはつぎの場合である。

一、公家衆　一、御門跡方　一、京都江御使　一、勢州御代参　一、大坂御城代替リ之節引渡　一、大坂御目付　一、駿府御目付　一、宇治御茶御用　一、二条大坂御蔵奉行仮役　一、国々城引渡並巡見御用　一、諸国川々其外御普請等見分御用　一、日光御名代　一、日光御門跡並役者、医者日光へ往来、但御門跡京都江御使　一、金地《こんち》院　一、品川東海道輪番　一、三州滝山寺《ろうざんじ》　一、京都知恩院　一、増上寺、知恩院江之使　一、相州藤沢宿遊行《ゆぎょう》上人　一、備後国御畳表　一、野馬御用　一、御簾《みす》御用

これだけ広い公儀の通行が無賃なのである。各宿駅では、常備された一〇〇人の人足と一〇〇疋の馬（東海道の場合）で、滞《とどこお》りなく逓送《ていそう》するのは容易ではない。そこで、小田原

宿では、無賃継立に限って、領主が特別に雇立てた私的人足五三一人を一〇〇人の公的人足とともに徴発し、継立業務に充《あ》てていた。この五三一人の領主が私的に雇った人足が、いつごろから始動したのかは史料的には、はっきりしないが、享保の段階では、すでに稼動していたことは、間違いない。

相対賃銭と御定賃銭

人馬賃銭には、いま述べたように無賃のほかに相対賃銭というのがある。相対賃銭は文字通り「相対」ということで、旅人や荷主と馬士《まご》や人足の双方とで話し合いをし、問屋を介入せず賃銭を決めるという方法である。

「相対」といっても、御定賃銭を標準としているので、法外な賃銭になることはない。後述するように「川越《かわごえ》」のような場合、旅人の弱みにつけこんで値段をつりあげるというあこぎな人足も、まれに見受けられた。小田原宿では当初は相対賃銭でとりあえず輸送業務を果たしていたが、幕末には無賃が増え、宿方がしだいに窮乏となり、人馬賃銭の値上げを要求せざるをえないような状況になっていった。くわえて、宝永四年（一七〇七）の富士山噴火による宿方の困窮で、人馬賃銭の値上げの申請をしている。

宝永四年の「覚」によると、小田原宿では去戌年《さるいぬ》（一七〇六）から来寅年《きたるとら》（一七一〇）まで五ヵ年間にわたり、五割増の人馬賃銭が認められているが、実際は御定賃銭《おさだめちんせん》より低額であったため、御定賃銭の設定後は、相対賃銭は廃止されている（片岡家文書『駄賃銭之事』）。

無賃の継立は、公的な任務、公家・幕閣の要人などであった。それに対し、一般の通行者は、賃銭を支払う。御定賃銭とは公定の賃銭のことで正徳元年（一七一一）に、定められた。ふたたび、東海道小田原宿を基軸として周辺の宿駅の人馬賃銭を述べてみたい。

御定賃銭には、つぎのような区分があった（日本史小百科『交通』東京堂出版、二〇〇一年）。

本馬　四〇貫目《かんめ》（約一五〇キロ）の荷物を積んだ馬。
乗掛馬《のりかけうま》　人が乗り、荷物を付けたもの。
　ただし荷物は二〇貫目（約七五キロ）まで。
軽尻《かるじり》　空尻とも書く。人が乗り五貫目（約八・五キロ）までの荷物をつけたもの。
人足　人一人がかつぐ荷物は五貫目まで。これを超えると複数で荷物をかつぐか目方に応じた賃銭を払う。

つぎに正徳元年（一七一一）に定められた小田原宿から隣宿までの賃銭をみてみよう。

小田原宿を基軸に下り大磯《おおいそ》宿までは、本馬一八三文《もん》、乗掛馬同上、軽尻一一七文、人足九二文である。上り箱根宿は、本馬四三八文、乗掛馬同上、軽尻二八〇文、人足二一八文である。距離的には、大磯宿が約四里、箱根宿までは四里余である。

正徳元年の公定賃銭は、幕府公定の賃銭であり、元賃銭と称し、以後この元賃銭を基準として、各宿では人馬賃銭の増額をした。

値上げのない人馬賃銭

さて、小田原宿では、時代の変化、物価の変動などによって人馬賃銭も値上げしたのだろうか。宿財政を支える重要な「租税」でもある人馬賃銭の変化をつぎに述べておこう。

まず、小田原宿では、御朱印・御証文の無賃人馬の増大にもかかわらず、元賃銭が一〇〇年間も据置かれたことには驚かされる。

文化三年（一八〇六）に至り、はじめて宿方困窮を理由に値上げの要求をした。宿方から同年に提出された「歎願書」には、宿方の困窮理由として、

①宿方の失火による町屋の類焼、それによって焼死者が続出した。
②無賃人馬の役負担が増大している。
③周辺農村の不作と諸物価の高騰に悩まされている。
④病馬・死馬の続出によって馬の調達ができない。

料)。

⑤助郷《すけごう》人馬の不足が目立ってきている。

この結果、同年十二月に永続的な値上げはできないが、五割増内で許可された（前出史料）。

これにより、小田原宿より箱根宿までは、本馬の元賃銭四八三文が六五七文、乗掛馬が同じ、軽尻二八〇文が四二九文、人足二一八文が三二七文と大幅にアップした。下り大磯宿へは、本馬一八三文が二七七文、乗掛馬同じ、軽尻一一七文が一八四文、人足九二文が一三九文となったのである。しかし、このうち助郷御賄《おまかない》助成分宿方納入分（宿財政へ繰入れ分）などを差引くと、実際には人馬役負担者への給金は微々たるものにすぎない。

小田原宿での、人馬賃銭の値上げ要求は、文政八年（一八二五)、天保九年（一八三八）にも五割増要求をしているが、文化三年（一八〇六）に増額された金額とまったく変化がない。一〇ヵ年単位として増額は認めるというものであっただけであった。その後、文久三年（一八六三）にも「歎願書」が提出され、この年には、元賃銭の五割増の金額になっている。しかし、値上げ要求の理由は、将軍家茂の上洛による膨大な人馬の徴発《ちょうはつ》によるもので、宿・助郷村ともに軍事輸送に出費する「御賄」に有する費用、馬飼料代、人足雇代金、口銭宿助成・助郷助成などに支出するための値上げ要求であった。

宿駅の財政と施設

宿の財政

宿の運営は、宿財政によって決まる。ところが、ほとんどの宿が赤字財政のため、その行きづまりを打開する方策を試みるが、復帰は容易ではなかった。宿財政の逼迫《ひっぱく》は、交通量の増大とともに加速していったのである。幕府は、宿財政危機を乗り切るために、直接・間接を問わず、宿の繁栄に全努力を傾注し、あらゆる救済手段、宿再生の方策を講じた。そして、その具体的な施策として考えられたのは、人馬《じんば》賃銭の値上げ、金穀《きんこく》の貸与、貸付金、下賜《かし》金など、さまざまな宿の保護政策である。それでは、宿の運営にとって必須とされる宿財政の収支の実態を明らかにすることで、宿の運営の様相にせまってみよう。

ここでも、小田原宿に視点を据えて宿財政の収支の実態をみていくことにする。

収入と支出

小田原宿における宿財政の実情を知る唯一の史料は、安政六年（一八五九）の「宿賄請払勘定帳《しゅくまかないうけばらいかんじょうちょう》」（『片岡家文書』）である。

収入を次のように整理してみよう（以下、四二頁表参照）。

㋑幕府からの助成のための拝借金・貸付金（A・E）
㋺人馬賃銭の割増による刎銭《はねせん》（B・D）
㋩琉球《りゅうきゅう》人通行手当金貸付利息（C）
㊁飯盛女《めしもりおんな》助成の刎銭の収入（F）

㋑の宿駅助成のための拝借金・貸付金の利息の収入は、宿駅の機能を維持し強化するために採った寛永年間（一六二四～四四）を始期とする救済策で、幕府からの援助によるものである。これは、現代の地方交付税のようなものではなかろうか。収入の中で比較的多いのは、助成金の利子である。これは、幕府からの助成金や下賜金を他へ貸付け運用して得た利子である。しかし、これは年度によって、拝借金の金額が一定せず、必ずしも安定した収入源になっているとは言い難いのである。利子率の変動により、むしろ拝借金の利息返済に追われることが多く、年々未進《みしん》が累積し返済にあわてているという事例も少なくないのである。

ところで、小田原宿は、南が太平洋の相模湾に面しているので漁業が盛んで漁獲量も多く、「魚座役」などという魚の献上役負担を担っている町もあるが、いったん台風などの自然災害が起きると町役が嵩《かさ》み、困窮することがあり、借金返済に終始する結果を招いているというケースが、たびたび起きている。

つぎに㋺の人馬賃銭は前述した通りで、賃銭を値上げすることで「刎銭《はねせん》」が収入の一部となる。しかし、これもはなはだ不透明で、「宿財政へ納入」とか「宿助成ニ請取」るなどとあるが、史料によっては、「助郷入用《すけごういりよう》」と記載されていることもあり、はっきりしない。

㋩の琉球人通行手当金利子は、琉球人通行の際の賄費用、宿泊代金の余剰部分を、資金として収益を確保した積立金である。

ここで、注目したいのは㋥の飯盛女助成の刎銭である。飯盛女の「稼《かせ》ぎ代」（揚代《あげだい》）の一部が宿財政へ「刎銭」として納入されていることは、どこの宿でも周知の事実だが、「刎銭」は「揚代」の約一割というのが相場であることからみると、小田原宿でのこの年の飯盛女の「稼ぎ」は、一四〇〇〇両であったと推定されるのである。ちなみに「刎銭」は、

表2　収入の部一覧

合計　金　1,917両3分2朱 　　　銭　535文 　　　　米　125石7斗7升7合 　　　　金　805両1分2朱 　　　　銀　28匁9分2厘9毛 　　　　銭　7,562貫255文	}	換算合計 　金　1,917両3分2朱 　銭　535文

内訳明細

	番号	金　額	項　目
A	①	金　132両1分 銀　14匁5分2厘6毛	御救米300俵による拝借金利金
	②	金　108両2分 銀　7匁9分8厘	継飛脚給米による拝借金利金
	③	金　8両3分 銀　4匁9分6厘8毛	問屋給米による拝借金利金
	④	米　125石7斗7升7合	人馬役・魚座役へ割賦する永代米
		小計　金　249両2分 銀　27匁4分7厘4毛 米　125石7斗7升7合	
B	⑤	金　120両2分 銀　7匁3分7厘	人馬賃銭による刎銭・溜金・貸付金利子
		小計　金　120両2分 銀　7匁3分7厘	
C	⑥	金　37両3分	琉球人通行手当金韮山金御役所御預ヶ金利子
		小計　金　37両3分	
D	⑦	銭　5,852貫852文	人馬賃銭による刎銭利金
	⑧	銭　620貫492文	同上
	⑨	銭　852貫572文	同上
	⑩	銭　139貫　57文	小口銭刎銭利金
	⑪	銭　23貫371文	助郷小口銭刎銭利金
		小計　銭　7,516銭344文	
E	⑫	金　258両 銀　1匁6分	宿助成金貸付利足
		小計　金　258両 銀　1匁6分	
F	⑬	金　140両	飯盛助成刎銭
		小計　金　140両	

※安政6年「宿賄請払勘定帳」より作成．合計は原資料のママとした．

表3　支出の部一覧

合計	金 2,131両1分3朱		換算合計
	銭 375文		金 2,131両1分3朱
	米 125石7斗7升7合		銭 375文
	金 1,397両1分1朱		
	銀 32匁4分7厘8毛		
	銭 4,988貫792文		

番号	金　額	項　目
①	金　91両2分，銭691文	箱根宿費用・二割は韮山役所へ上納
②	銭　1貫	上記雑用方
③	金　13両 銭　12匁	2,000両の拝借金による5ヵ年賦上納分
④	金　15両	2,000両の拝借金による40ヵ年賦上納分
⑤	金　7両3分，銀7匁3分8厘2毛	拝借金25ヵ年賦上納分
⑥	金　70両	借用返金10ヵ年賦（無利）
⑦	金　50両	借用返金11ヵ年賦（無利）
⑧	金　78両3分	相助雇馬立金
⑨	金　266両	死馬・病馬・雑馬仕替金（33疋分）
⑩	銭　498貫	継人足仕替入用金
⑪	金　19両2分1朱，銀2匁7分	江戸雑用（出府入用）
⑫	金　225両	継飛脚定抱人足雑入用
⑬	金　15両	御用物御次役両人給料
⑭	金　40両	飯盛取締役刎銭取立役4人分給料
⑮	金　20両2分	金450両領主役場より貸与利子
⑯	金　12両1分	御伝馬仕附増金
⑰	銭 1,475銭832文	御用宿足銭
⑱	銭 1,055銭 26文	問屋場諸入用（伝馬方之分）
⑲	銭 1,272銭548文	問屋場諸入用（人足方之分）
⑳	金　31両，銀1匁	問屋場諸入用（修復費用）
㉑	金　7両3分，銀3匁6厘	町年寄役場入用
㉒	銭　8貫491文	火消御用（50人分）
㉓	金　42両，銭3貫	町年寄給料（3人分）
㉔	金　8両3分，銀4匁9分6厘8毛	問屋人足肝煎被下候分
㉕	金　53両	問屋給料
㉖	金　14両	帳付給料
㉗	金　30両	馬指給料（6人分）
㉘	金　4両	問屋代給料（1人分）
㉙	金　5両	日〆役給金（1人分）
㉚	銭　194貫664文	下働小使（2人分），日雇賃（1人分）
㉛	金　4両，銭70貫	人足肝煎給料（3人分）
㉜	金　4両，銭50貫	手代給料（1人分）
㉝	銭　108貫	帳面役給料（3人分）
㉞	金　6両	日〆役（1人分）
㉟	銭　126貫	小使給料（2人分）
㊱	銭　24貫	人足肝煎代給料（1人分）
㊲	金　3両2分，銀1匁9分8厘7毛 銭　1貫532文	御救米・継飛脚米代利足
㊳	金　258両，銀1匁6分	宿助成金利足
㊴	米　125石7斗7升7合	永代米（人馬役・魚座役へ割賦）

※安政6年「宿賄請払勘定帳」より作成．合計は原資料のママとした．

冥加金《みようがきん》のこととみてよかろう。飯盛女一人の揚代五〇〇〜七〇〇文とすると年間延べ二〇〇〇人からの飯盛女が小田原宿にはいたということになる。飯盛女については、次の「宿場の陰影――飯盛女の生活」で述べることになるので、ここでは省略したい。

次に支出の一覧である（表3）。

A　人件費　⑬⑭㉒㉓㉔㉕㉖㉗㉘㉙㉚㉛㉜㉝㉞㉟㊱

B　拝借米・拝借金・借用返金　③④⑤⑥⑦⑮㊲㊳㊴

C　問屋《といや》場諸入用（日用品等諸雑費）　⑰⑱⑲⑳㉑

D　伝馬《てんま》人足仕替金　⑧⑨⑩⑯

E　その他　①②⑪⑫

この表でみると拝借金の返済が、かなりの比重を占めていることがわかる。小田原宿では、文政四年（一八二一）の火災の折、二〇〇〇両を拝借、嘉永六年（一八五三）の大地震の節も、膨大な拝借をしている。また、人馬継立《つぎたて》の際、病馬《やみ》・死馬《しに》発生のとき、替わり代金や継立にあたって途中で病人が出た場合に備えての買上代金などが支出の大半を占めている。ここで、意外に感じられるのは、人件費である。宿役人や人足給料が、比較的少額で、町年寄で一四両、あとは、平均四〜五両である。物価の高騰から考えると決して高い給料ではないと思うのである。問屋の五三両は問屋場における諸入用、つまり油や炭などの光熱費をはじめ、生活必需品・消耗品である。

ところで、収入合計額一九一七両余に対して、支出の合計は二一三一両余で、この赤字を宿はどう埋めたのだろうか。宿役人は、あらゆる施策を考え試みたのが、つぎの方法である。

その一つが拝借金の上手な運用である。幕府や藩から拝借した金額をいったん地方役所へ預け、他人へ貸付け、その貸付けた全額の利息を取り、それを備蓄し収益を確保する方法。

一方、屋敷の間口一間を基準に月掛金を徴収し、これを藩の仕法役所に高利で短期に貸付け、その貸付けた資金の利子を長期の年賦《ねんぷ》返済に回す。

さらに、町内で消費する生活必需品・日用品を一町でまとめて廉価《れんか》で仕入れ、販売しシェア獲得の中から、利益の一部を返済にあてる。このような目論見《もくろみ》は、個別の町に限ることなく、宿全体としても考えることとなり、資金運用の活性化をはかった。宿経営者たちは、「町方助成目論見」「町方成立」の「目論見」として、藩に大金を預け、その利息を「下げ金」として、各町に配分し、なんとか宿財政の運用に努力を傾注した。しかし、このような計画も、藩財政の困難から利子率を引き下げたため、期待するほどの効果は見られず妥当な仕法とはいえなかったのである。

苛酷な人馬継立の負担に耐え切れず、宿方では、たびたび、宿経営の疲弊を訴える歎願書を提出している。天保九年（一八三八）には、「大困窮之宿柄《だいこんきゅうのしゅくがら》」となったとして困窮の理由を連綿《れんめん》と書き綴っているが、結局打開策は見出すこともできず、拝借金の長期借用・長期返済にとどまるのみであった。

金穀の貸与

いま述べたように、幕府は宿駅を維持するため、あらゆる手段を講じ、幕府財政の苦しいなか、宿駅を保護助成してきた。ここでは、その一つである金穀の貸与についてみてみたい（表4）。すでにふれているが、初期の段階まで遡《さかのぼ》ってみると、慶長六年（一六〇一）、宿駅の成立とともに地子《じし》の免除があった。当初は三六疋だったが、寛永十五年（一六三八）には、一疋の馬に対し一〇〇坪になり、一〇〇疋で一万坪となった。さらに小田原宿では、寛永十年には継飛脚《つぎひきゃく》御用として八六石八升《しょう》の給米の助成をうけているが、かなりの援助をうけていることがわかる。しかし、いずれも凶作・冷害・火災・流行病の発生で、良好に運用されたわけではなかった。

宿財政の赤字は、小田原宿に限ったことではない。東海道ほど、頻繁ではない交通量の

表4　宿駅助成

年	助成金	種類	内　容
慶長6年(1601)	3,600坪	地	地子免許，1疋につき100坪免ぜられる．36疋分
寛永10年(1633)	86石8升	米	継飛脚御用のための給米
10年(1633)	7石	米	問屋給米
15年(1638)	6,400坪	地	地子免許，1疋につき100坪免ぜられる．64疋分
15年(1638)	500俵	米	島原の乱平定のため，人馬継立御用により，伝馬1疋につき5俵ずつ計500俵の給米
19年(1642)	2,500俵	米	伝馬御用，伝馬1疋について5俵ずつの拝借，返納については15ヵ月賦，4,240貫316文を代官所へ上納
19年(1642)	750両	金	1ヵ月に馬1疋につき金1両ずつの借用，返納については1両について4貫ずつ銭3,000貫を領主へ上納
20年(1643)	300両	金	伝馬御用として借用
正保3年(1649)	30貫	銭	伝馬御用として給金（伝馬人足勤務のための給金）
3年(1649)	20貫	銭	伝馬御用として給金（継飛脚御用のための給金）
万治3年(1660)	300両	金	馬持の者共に拝借．返納については何時成共御意次第上納，1疋について3両ずつ割渡，毎月1疋につき銭164文，1ヵ月2両ずつ
寛文5年(1655)	7石	米	往還御用として20俵給米
8年(1668)	700俵	米	伝馬御用，藩より拝借，伝馬役へ250俵，人足役へ100俵，1ヵ月に3斗5升入の俵，350俵で，3月4日までに700俵返納
9年(1669)	125石7斗	米	伝馬100疋分の地子10,000坪分
	7升7合	米	伝馬人足役へ給米
延宝2年(1674)	125両	金	宿駅助成金として10年賦で拝借
8年(1680)	500貫	銭	伝馬御用のための給金
8年(1680)	300両	金	伝馬御用として藩より拝借，7年賦で返納
宝永元年(1704)	1,000両	金	1,000両，臨時の用，10年賦で拝借
正徳2年(1712)	300俵	米	300俵，臨時入用
4年(1714)	300俵	米	幕府より度重なる天災のための給米（毎年300俵ずつ）
4年(1714)	1,045両	金	宝永6年から正徳3年までの5年間に拝借，但し20年賦で返金を仰付けられたが，9年前より（享保10年）1ヵ年52両1分ずつ返納
享保19年(1734)	1,000両	金	類焼のための拝借，10年賦返納
19年(1734)	1,500俵	米	正徳4年以来の米，毎年300俵救米5年分
宝暦12年(1762)	1,000両	金	宝永元年に借用したものだが，宝暦3年より宝暦12年まで10年賦で返金

※「片岡家文書」より作成．

中山道《なかせんどう》でも同じ傾向である。時代の趨勢といった方がよいのかもしれない。例えば中山道追分宿《おいわけじゅく》の例でみると、安政三年（一八五六）、収入二四〇両余で支出は八八一両余、六四〇両余の赤字である。同六年には、収入二六一両余、支出に至っては九三六両、不足六八四両余（以下略）（児玉幸多『宿駅』日本歴史新書、至文堂、一九六〇年）。この赤字の負担が、宿民の出金と、借入金・拝借金で補うわけであるが、借入金・拝借金の返済などで結局、空回りに終わるのである。東海道三島宿の場合、寛政七年（一七九五）の歳入額が八三七両余に対し、歳出額が一〇一三両余、約一七五両余の不足額となっている。二年後の九年には、七六四両余の歳入に対する歳出が一〇五八両余、赤字が二九四両余である（『三島市誌』）。宿財政の破綻《はたん》は、明々白々である。結局、宿財政の立て直しは、宿に経済的効果をもたらす経営方法を模索することより、方法はなかったのである。

本陣の人びと

参勤交代で江戸へ下る大名の行列が東海道小田原宿の城下に入る。本陣《ほんじん》の経営者であり町名主《まちなぬし》を兼ねる宿運営のリーダーたちは、大名の一行を待ち丁重に歓迎する。本陣の門前には警備の武士・宿役人、それぞれの町名主・年寄など、有力な町人たちが、羽織《はおり》・袴《はかま》・裃《かみしも》という出立ちでうやうやしく居並ぶ。城下は、綺麗《きれい》に清掃され美しく塵《ちり》一つない。城下に住む町人や居合せた旅人は、道端にたたずみ大名の一行が本陣へ入るのを待ってから通行する。

本陣は、公家《くげ》や幕閣《ばっかく》の重要な地位にある高貴の人びと、いわゆる支配層の人びとが、休・宿泊するために設けられた施設である。江戸時代、小田原宿には四軒の本陣があった。しかし、現在の小田原市域からは、その片鱗《へんりん》さえみることはできない。せいぜい、残された絵図・史料からの本陣復元は不可能ではないのだが……。二〇〇一年、宿駅制四〇〇年を記念して地域によっては街道の整備や、本陣を復元し江戸時代の昔日の姿を、ほうふつとさせてくれる旧宿場も増えてきているが数少ない。

ところで、江戸時代の主要街道である五街道《ごかいどう》の宿駅には、本陣がどのくらい配置され機能していたのだろうか。

本陣と脇本陣

天保十四年（一八四三）の調査による五街道の宿駅の本陣・脇本陣はつぎのような数にのぼる（表5）。年度によって、多少の変化はあるが、それほどの動きはない。五街道のうち、もっとも多いのが東海道であった。

では、大名や公家・幕閣が休・宿泊する本陣とはどのくらいの規模で、どのように機能していたのか。現存する遺跡や遺物・文書などから探ってみることにしよう。

堀秀成著『磯山千島』には、本陣についてつぎのように記されている。

本陣は門を建、玄関などといふものつくりて、いかめしかまへたるを、なべてはまづ這入《はいり》のかたを広く板敷にして、馬荷乗物など置にたよりとせり、上段ととなへたる、床、わき床、違《ちが》ひ棚、あかり床などといふものをとりつけたるおほし、間所《まどころ》をわかち、その間所の中間を、廊下といふになして、湯殿厠《ゆどのかわや》などにゆくたよりとせり（以下略）。

みられるように、本陣は「いかめしかまへ」であり、門を入ると「玄関」があり、広い板敷、そして奥には高貴の人びとがくつろぐ、書院造りの部屋がある。図6は、参州二川《ふたがわ》宿の本陣の間取図である。この図から『磯山千鳥』に記されたような大規模な豪華な構えの建物が想像できよう。文化年間（一八〇四～一八）における二川宿本陣の間取図では、間口一七間《けん》半（約三一メートル）、敷地面積五三五坪（約一七三三平方メートル）、建物は一八一坪（約五九八平方メートル）となっている。さて、東海道の小田原宿。天保十四年の調査によると、小田原宿の四軒の本陣の規模はつぎのようである。

本陣　凡《およそ》建坪弐百四拾弐坪余
門構《もんがまえ》・玄関附　宮前町《みやまえちょう》壱軒
清水金左衛門宅

同　凡建坪弐百拾弐坪余
門構・玄関附　本町《ほんちょう》壱軒
久保田甚四郎宅
同　凡建坪弐百八坪余

表5　宿場・本陣

	宿駅数	本陣数	脇本陣数
東海道	53	111	68
中山道	67	73	102
日光道中	23	23	29
奥州道中	10	11	11
甲州道中	45	41	44
合　計	198	259	254

図5　改修復原された二川宿本陣正面（図録『東海道五十三次宿場展，IX　二川・吉田』より，豊橋市二川宿本陣資料館提供）

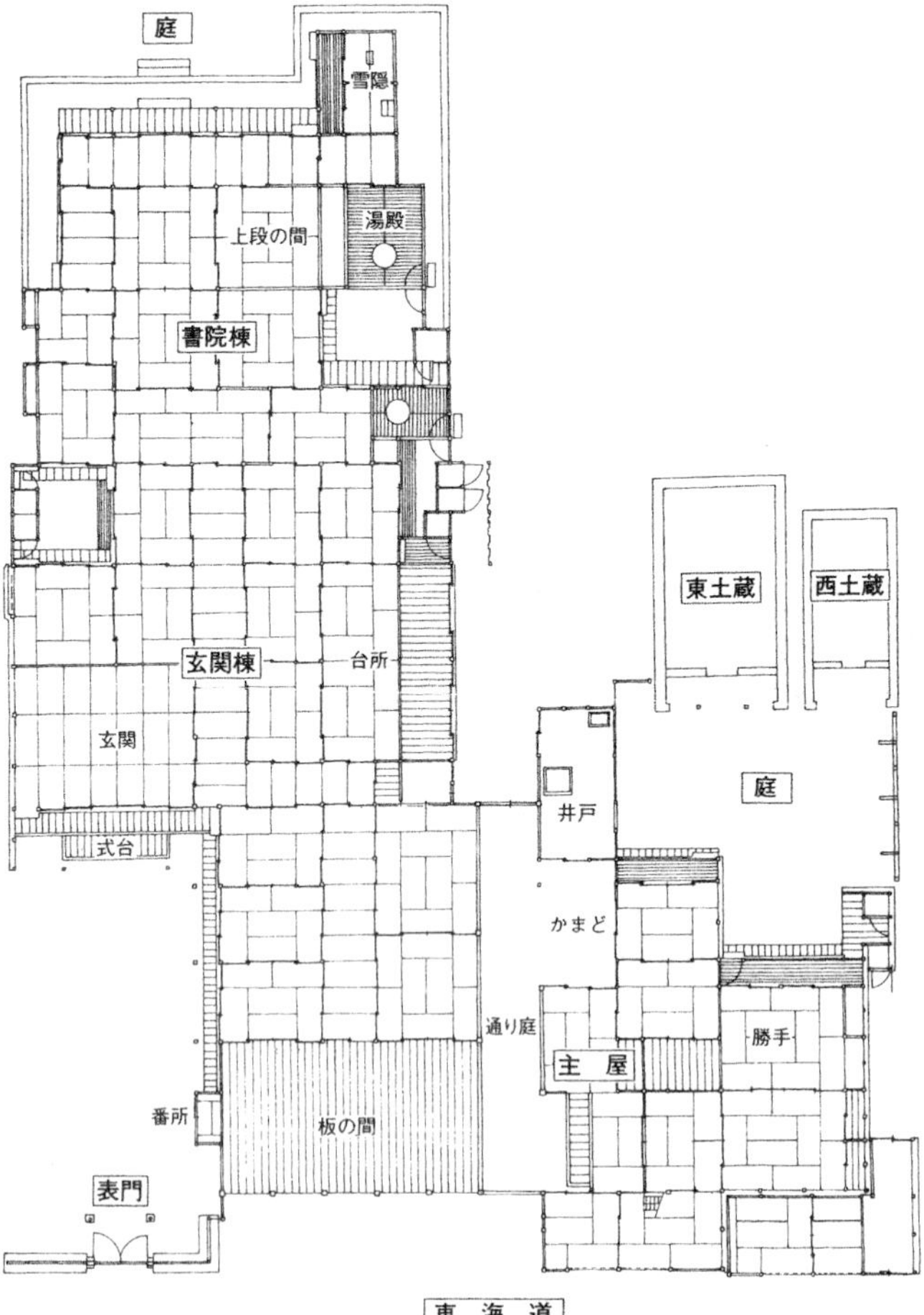

図6　二川宿本陣間取図（豊橋市二川宿本陣資料館提供）

門構・玄関附　　欄干橋《らんかんばし》町壱軒
清水彦十郎宅
同　凡建坪百五拾弐坪余
門構・玄関附　　本町壱軒
片岡永左衛門宅

とあり、大規模な建物であったことがわかる。
ちなみに、清水金左衛門の本陣の見取図（図7参照）では、間口一八間余、屋敷面積約四一〇坪、畳数一五九畳（ただし、東側の本陣家族関係使用部分九部屋四八畳を除く。旧本陣、清水晴秀氏蔵）である。総じて東海道の宿駅にある本陣は、他の街道の宿駅の本陣より構造的には大規模な建物である。

つぎに脇本陣四軒は、

脇本陣　凡建坪百六坪余
門構・玄関附　　本町壱軒
福住屋《ふくずみや》
同　凡建坪八拾弐坪余

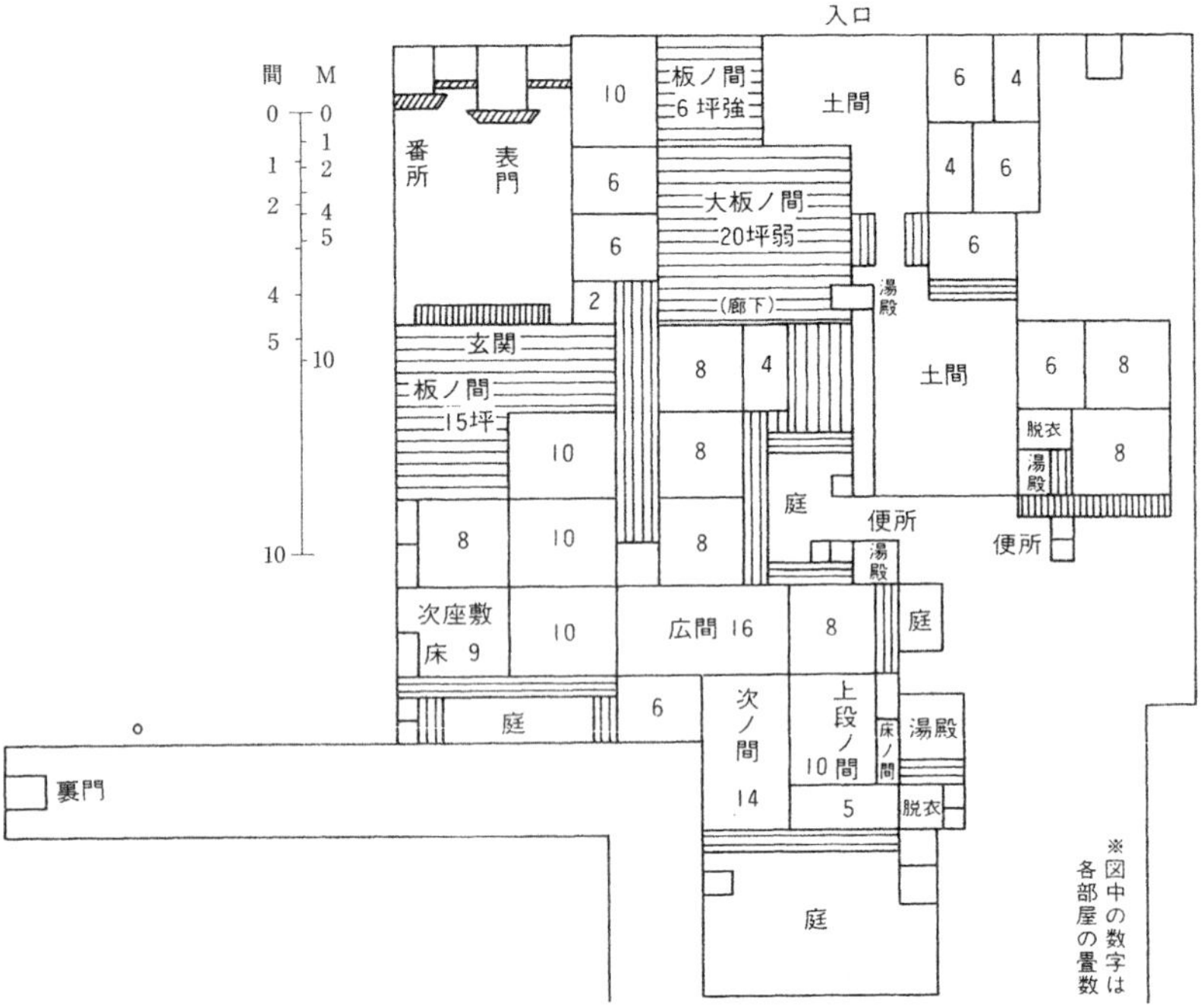

図7　清水金左衛門の本陣見取図（作図：中村静夫）

門構無之《これなく》・玄関附
　　宮前町壱軒
　米屋《よねや》
同
凡建坪七拾弐坪余
門構無之・玄関附
　　中宿町壱軒
　虎屋《とらや》
同
凡建坪七拾九坪余
門構無之・玄関附
　　本町壱軒
　嶋屋

脇本陣は、本陣の規模よりは、はるかに小さいが、本陣と同様の機能を持つ。

本陣を利用する要人は、具体的には、将軍の名代《みょうだい》・勅使《ちょくし》・公家・門跡・大小名・奉行《ぶぎょう》・代官・御三家《ごさんけ》・諸大名の名代・駿府《すんぷ》・大坂・二条御番衆《ごばんしゅう》・諸々御目付《おめつけ》・幕府の公用旅行者などで、参勤交代の諸大名は各宿の本陣を指定し「定宿《じょうやど》」として宿泊した。

これも、小田原宿の例をあげておく。

小田原宿四軒のうち、二四〇坪余の大規模の本陣、清水金左衛門家には尾《お》張名《わり》古屋の徳川家六一万石をはじめ、鹿児島の島津家七七万石、彦根の井《い》伊《い》家、鳥取の池田家、三重の藤堂家、岡山の池田家、高知の山内《やまのうち》家《け》などが、常泊している（『片岡家文書』）。隣宿の三島宿でも、徳川御三家《ごさんけ》をはじめ細川越中《えっちゅう》家・黒田甲斐守《かいのかみ》など、譜代《ふだい》・外様《とざま》のそうそうたる諸大名が本陣を指定し「定宿」とした（『三島市誌』）。

定宿としての本陣

本陣にとっては、身分の高い大名が止宿《ししゅく》することで、名誉とはいうものの送迎の準備、饗応《きょうおう》は大変な負担となるのである。

中村静夫氏によれば、清水金左衛門本陣以外の主要な大名の定宿はつぎのようである。

久保田甚四郎本陣

紀伊（徳川）中納言	和歌山	五五万石
松平（毛利《もうり》）大膳大夫《だいぜんのだゆう》	萩	三六万石
毛利甲斐守	長門府中《ながと》	五万石
毛利大和守	周防《すおう》徳山	三万石
松平（鍋島《なべしま》）肥前守《ひぜん》	佐賀	三五万石

井伊掃部守《かもんのかみ》　彦根　三五万石
清水彦十郎本陣
松平出羽守《でわ》　松江　一八万石
戸田采女正《うねめのかみ》　大垣　一〇万石
片岡永左衛門本陣
松平隠岐守《おき》　伊予《いよ》松山　一〇万石
松平越後守《えちご》　美作《みまさか》津山　一〇万石

以上、本陣に宿泊する諸大名について記したが、行列の人びと、すなわち家臣《かしん》団、女中、中間などが一斉に宿内に入り宿泊するのである。もっとも、本陣へは、藩主と側近の一部が宿泊するわけだが、有事に対しての受け入れ体制は、容易にはいかなかった。諸大名の一行は、三〇〇〇人を越す行列を組み、宿へ入ることもあり、本陣・脇本陣・旅籠《はたご》、それでも不足の事態を生じるときは、足軽《あしがる》などの軽輩の士は、宿内の商家や民家に止宿した（『片岡家文書』）。

諸大名の宿泊が決定すると、休宿泊の予定日があらかじめ前もって通達される。およそ、二〜三ヵ月前には連絡しないと送迎の準備・請《うけ》入れ体制に入ることはできないので、先触れの役人は、本陣と話し合いをすすめ、万全の準備が整ったことを確認すると、本格的に通達する。本陣側は、「請書《うけじょ》」を提出し早速請入れの準備体制にとりかかる。

先触・関札と準備

宿泊が決定すると、宿では、宿内の出入口や本陣の門に「関札《せきふだ》」を掲げる。小田原宿の本陣片岡家について、子孫の永左衛門は、日記に「関札」について次のように記す。

宿の両端の入口の本陣の門前には、其氏名を巾《はば》壱尺《しゃく》長三尺の厚板に筆太に書し、壱丈程の柱に附し、関札と号して是《これ》を建て、此《この》宿内に止宿するを表示す。夜は一対の提《ちょう》灯《ちん》台に提灯を吊《つる》して、門前と門内に置く

十辺舎一九《じっぺんしゃいっく》の『東海道中膝栗毛《ひざくりげ》』（岩波文庫、一九九二年）に、こんな会話がある。

弥二《やじ》「おや、もう戸塚だ。笹屋にしようか、　北《きた》「とつさんや、　弥二「なんだ　北「ここじやあお泊なせへといつて、ひつぱらねえの　弥二「ほんにそのはづだ。ここはどなたかおとまりと見へて、みな宿屋に札がはつてある

「関札」は、一般旅行者と町民と区別するために提示されたもので、「関札」は旧本陣で

天保九年十月二十九日（一八三八）
松平近江守宿（桑名藩主松平定和）紙製

松平伊豆守休（吉田藩主）木製

天保十二年五月六日（一八四一）
松浦壱岐守宿（平戸藩主松浦曜）木製

天保五年七月十三日（一八三四）
太田備後守宿（掛川藩主太田資始）木製

天保七年十月十六日
松平美濃守休（福岡藩主黒田長溥）木製

図 8　関札（図録『東海道五十三次宿場展，Ⅸ　二川・吉田』より，豊橋市二川宿本陣資料館提供）

あった家や博物館では、現在でも展示されたり保存されているので容易にみることもできる。

ところで、幕閣の要人、諸大名の宿泊が決まると本陣経営者はどのような準備体制をととのえるのか。失敗は許されない。宿役人・経営者たちは細心の注意を払い受入れる。

川崎宿の宿役人（後に代官）であった田中《たなか》丘愚《きゅうぐ》は『民間省要《みんかんせいよう》』（村上直校訂、有隣堂、一九九六年）で「諸家止宿の節の諸入用・炭・薪・油等ハ惣して人遣ひの多ク懸ること、家によつて分限にはよらす多少善悪まちまちなり。凡《およそ》大勢の人数の入込なれば一日一夜の心遣ひ大かたならす（略）」としている。

いよいよ、大名・幕閣の要人・公の武士た

ちの宿泊日程が、きまると、宿割をする。本陣・脇本陣・旅籠屋、不足の場合に備えて商家などへの宿泊人数を決定する。その際、宿泊に関して必需品に不足の物品を取揃えることになるが、これは、役として、宿の負担となる。『民間省要』には本陣備品として、椀《わん》・箸《はし》・重箱・皿・鉢《はち》・ちょうし盃などの食器類をはじめ、あんどん・燭台《しょくだい》・屛風・たばこ盆・きせる・寝具・蚊帳《かや》・ござ・ぞうり・衣類・足袋《たび》・風呂敷《ふろしき》などの調度《ちょうど》品・日用品・装飾品などの多岐にわたっている。

小田原宿では、門の修理・屛風・ふすまの張り替え・畳替・寝具・座布団は新調している。それも、数百枚の蒲団《ふとん》を用意するなど、本陣の果す役割に目を見張る（元文四年「御本陣御定宿控」片岡家文書）。

困窮する本陣

本陣の営業は、一般の庶民が休宿泊する旅籠と違い、格式が高いだけに営業状態は必ずしも良好とはいえず、しだいに困窮をきわめるようになっていった。幕府財政の緊迫しつつあるなかで、各藩の諸侯も家格《かかく》や家風《かふう》を世に知らしめる最大のイベントであった行列による重なる出費でしだいに窮乏し、派手《はで》な行列も自粛《じしゅく》するようになっていった。承応二年（一六五三）以降、幕府は行列の従者を制限するよう、たびたび制限令を発行している（日本史小百科『交通』東京堂出版、二〇〇一年）。

田中丘愚は、

時移り、世変して金銀は独り位を下り、諸侯大夫・行旅宿々の賜は段々と減シ年々に倹約の号として被召連人数《めされるつれにんずう》も減し、諸色《しょしき》は高直《こうじき》にして右に述ことく宿々追日衰といへと、世の奢《おごり》につれて諸家の休泊に本陣の物入《ものいり》ハ多く成、相続すへきいはれなし、いつか世変じて人間渡世《とせい》の内に物も宿々の本陣程無益成物《むえきなるもの》はなし次第に衰へ……（以下略）

と述べている。「本陣の衰退」は時代の趨勢《すうせい》でもある。「時移る」中で、本陣もやがてその役割を終える時がくるのである。島崎藤村《とうそん》の小説『夜明け前』の一節に、このようなくだりがある。

「（略）あの参勤交代が廃止になったと聞いた時は、俺はもうあることにぶつかったよ。」

「半蔵、本陣や庄屋はどうなろう。」

「それがです。本陣・庄屋、それに組頭だけは当分、これまで通りと言うんですから、改革はそこまで及んで行くかも知れません。」

御一新《ごいっしん》によって、明治三年（一八七〇）宿駅制度は大きな変化に遭遇《そうぐう》した。本陣・脇本陣は、この年廃止された。同五年には、かつての交通体系が大幅に改革され、近代的交通体系に移行していくのである。

川留と関所

馬では越せない酒匂川

〃箱根八里は馬でも越すが、越すに越されぬ大井川〃と詠われたように、江戸時代の河川渡河《とか》は大変難儀なことであった。江戸時代は、前述したように、街道が整備され、旅行者にとっても便利になったことでは言うことはないのだが、一方では交通を阻む要素もあったのである。江戸時代の版画家安藤広重《ひろしげ》は、旅人が人足《にんそく》の肩車で不安定に河川を渡る様子や蓮台《れんだい》に乗せられて川越をしている情景を『東海道五十三次』の浮世絵として描いている。河川の増水で川留《かわどめ》になり渡し場でいつ渡れるかと千秋《せんしゅう》の思いで待ちわびている旅人など、広重の浮世絵には、交通を阻まれた旅人の不安気な姿が描かれ当時の状況を知ることができる。江戸時代、交通を阻害する要因

図9　酒匂川（『東海道五十三次之内』徒歩風景
『浮世絵が語る小田原』夢工房）

として、大別すると「河川に橋がかかっていないこと」と「街道の要衝《ようしょう》地や分岐点と考えられる場所に関所が設置されていたこと」があった。ここでは、まず交通を阻害する河川の架橋禁止についてみていこう。では、「橋のない河川」を、当時の旅人はどのようにして渡河したのだろうか。

橋がなければ、「船で渡河する」方法がまず考えられよう。五街道《ごかいどう》の河川のうち、江戸から西へむかう東海道で渡船《とせん》で越えた河川は六郷《ろくごう》川（神奈川県）があり、つづいて馬入《ばにゅう》川（同）、天竜《てんりゅう》川（静岡県）、今切《いまぎれ》渡し（同）、桑名七里渡し（愛知県）しかない。これらの河川に対し、酒匂川《さかわ》（神奈川県）、興津川《おきつ》（静岡県）、安倍川（同）、大井川（同）は渡船ではなく徒渉《としょう》という方法を用いたのである。中山道では、荒川、柳瀬川、大田川、合渡川《ごうど》、野洲川《やす》は渡船だが、千曲川《ちくま》、碓氷川《うすい》などが徒渉であった。日光・奥州道中では房川《ぼう》、鬼怒川《きぬ》が渡船で、甲州道中では多摩川、早川などが渡船の利用が多い。

ところで、渡船以外の河川は、大半が徒渉という方法をとったが、徒渉とは、「としょう」「かちわたり」などと称し、川越の人足の手を借りて規定の渡し場から渡河しなければならないという原初的方法で、これが交通を阻害する大きな要因ともなっていたのである。河川に架橋が禁止されていたのは、なにも主要街道に限ったことではなく、領内の小河川でも、架橋されていないことが多かった。このように多くの河川に架橋しなかったのはいったいどういう理由からなのだろうか。理由は、諸々考えられ、多くの先学によって論及されてはいるが、必ずしも論点は一致しておらず、丸山雍成氏は、従来の諸学説について、詳細に検討しておられる。氏は、大まかに三つに学説を大別し、論じられておられ、いずれも、交通上の問題が幕藩制支配との関連において検討すべきであることを指摘されている。従来の説とは、つぎの理由である。

一つは、軍事的・政治的目的によるとする見解

二つ目は、経済的・自然的理由（地形・地質条件に対応する技術的な側面）
三つ目は、前二説を並列的にとりあげる見解
いずれの説も、密接不可分であるが、河川に架橋しなかったためにどれほど、旅行者が難儀を強いられたか、筆者の住む地域の河川、東海道に位置する酒匂川（現神奈川県小田原市）を例に具体的に探ってみることにしたい。

増水と川留・川明

〝五月雨や酒匂でくさる初なすび〟　この句は、江戸時代の俳人宝井其角《たからいきかく》が詠んだ句である。酒匂川の増水によって旅行者が足留《あしどめ》をくい、長期逗留《とうりゅう》を余儀なくされた様子がみてとれよう。

享保七年（一七二二）、田中丘愚《きゅうぐ》は、自著『民間省要《みんかんせいよう》』（村上直校訂、有隣堂、一九九六年）で、川留のことを次のように記している。

雨などに逢ふて逗留すれハ、一ト所に五日も十日もとめられて、凡《およ》ソ川々の為に路銀《ろぎんを》皆《みんな》遣切《つかいきり》て難儀する事のミ多し。

河川は増水すると、渡河ができなくなるのでその場に留置かれ、渡河できるまで待たなければならない。川留は五月の霖雨期のころがもっとも多く、最低三日、時には一ヵ月余にも及ぶことがあり、予期せぬ逗留に、先を急ぐ公用旅行者や、わずかな路銀で物見遊山

に出かける人など被害は甚大《じんだい》で、渡河の許可がいつくだるのか一日千秋の思いで待つのである。

『民間省要』には「逗留すれハ雑用・諸入用も夫《それ》に応じて多くかかる。」「諸家《しょか》の大人数ハそれ〳〵に随《したがつ》て入用《（も）》多く、或は五拾両、百両、又ハ二百・三百・五百・七百余・千に及ふくらい金の入事は、川壱つにしても費事《ついえごと》そかし（出費が重なる）。いかに大家なれはとて豈《あ》ニ其費《そのついえ》をいとわさるあらんや……。」と、いうように、川留で逗留すると、たとえ大名や上層の人びとにとっても余計な出費が嵩《かさ》むので困難なのに、「軽き旅人」である庶民は無一文にもなってしまうという悲劇に見舞われるのである。

旅人にとって川留で一ヵ所に留置されるほど、いやなものはない。最低の路銀で物見遊《ものみゆ》山《さん》に行く者・社寺参詣《さんけい》を楽しみに旅に出た者、公・私を問わず、それぞれの目的で旅に出たはずが、川留ですっかり予定を狂わされてしまい、思わぬ出費に悩まされることが多かった。では、どのくらいの水かさで、渡河禁止になるのだろうか。判定はいったいだれがするのか。相模《さがみ》国のことを記した『新編相模国風土記稿』によると、

凡《およそ》水の深さ三尺三・四寸（二合余の水と云《いう》）に及べば馬越を留む、又深き四尺五寸（三合水と云）に至れば往来を留む

とあり、水深四尺五寸（一・六五メートル）ぐらいになると川留となる。小田原市立図書館蔵の片岡永左衛門家文書（旧本陣）『酒匂川旧記』には、三合水というのは「首通リ之水《の》」、二合水とは「脇通リ之水」と記され、「川明《かわあけ》の差も是に倣《なら》ふ」（三村〈周辺の村〉にて川瀬踏を司《つかさ》どる夫、各《おのおの》二人ありて、水の浅深を試み往来を通ず、但、川留・川明の時々、宿継を以て道中奉行に達す）とあるように、水深四尺五寸になると川留となり、減水すると川明となる。川役人は高札で報知するが、留置された旅人たちは、やむなく隣宿の大磯宿か、小田原宿へ引きかえし川明を待つことになる。ただし、これは、私的旅行者で公用の旅行者は酒匂川周辺の村に逗留することになり、これが村民に及ぼした影響は、はかり知れないものがあったのである。

川越と川留の役負担

相州足柄平野《そうしゅうあしがら》（神奈川県小田原市）を貫流する河川、酒匂川は、その源流を駿州富士山麓に発し、河内川《かわち》・皆瀬川《みなせ》・川音川《かわおと》・狩川《かり》などの河川を合流し、神奈川県の相模湾に流れる川幅五町二四間《けん》の急流で、江戸時代、大井川と同様、東海道における川越しの難所とされていた。すなわち、幕府の交通政策の一環をなしていた「架橋抑制」のため「架橋」は禁止され、徒渉による渡河方法をとっていたので、近隣の村々が、公儀の御役として川越人足を村民の負担として提供していた。

酒匂川近隣の三ヵ村が川越業務に携わり、三ヵ村から一六歳から六〇歳までの三一九人の屈強《くっきょう》な成人男性が、川越人足として役目を果たしていた。

この人足数は大井川（静岡県）の六一七人には及ばないが、平均一軒に一人の出役割当であった。これらの川越人足は、毎日交代で決められた渡し場に出動し、公用貨客の川越輸送に従事する。参勤交代《さんきんこうたい》などの大通行には、三一九人全員が動員され、それでも不足となった場合はさらに周辺の村からの援助をうける。前出『酒匂川旧記』には、

当村ニ而不叶《てかなわず》と見及《みおよ》びたるときは、中島・町田・今井三ヶ村之《の》人足もくわへ、往還遅々《ちち》なき様、川ごし可仕《つかまつるべく》と急度手形取置可有之候《きっとてがたとりおきこれあるべくそうろう》

と記され、文中の隣村（中島《なかじま》・町田《まちだ》・今井《いまい》の各村）に役が拡大される。一般に、川越業務は、該当の村むらの公儀役として指定され、重要な交通夫役の一つであった。

川越人足は「農家兼川越仕《かわごえをかねつかまつる》」ということで、年貢生産力を支える農民たちが川越の役を負担した。

では、河川の増水によって村に及ぼした影響とはどんな状況だったのだろうか。まず、つぎの文言をみてみよう。

変川俄《かわへんじにわかに》水ニて、川支等《かわつかえなど》に相成《あいな》リ候処《そうろうところ》、御武家様方、追々、当村へ御詰被成《おつめなられ》、御

旅宿、被仰付候処《おおせつけられそうろうところ》、右之《の》内、御用家様之分《さまのぶん》ハ無拠《よんどころなく》御受奉上候《おうけあげたてまつりそうろう》

というように、公用旅行者については、名主宅が、急遽《きゅうきょ》本陣のような宿泊施設にさまがわりする。名主宅では、公用旅行者の宿泊に備えて、ふすまの張り替えや畳の取り替えなど、受入れ準備に村民が狩り出され、逗留の準備をする。『旧記』には、「御受申候《おうけもうしそうろう》も、万端行届《ばんたんゆきとどかず》、心配仕候《つかまつりそうろう》、多分之《の》手数相懸難渋罷在《あいかけなんじゅうまかりあり》」云々《うんぬん》とあって、川留が長期になると出資が嵩《かさ》み、公儀役とはいえ、大変迷惑を被ることになる。村民のもっとも恐れたのは、囚人護送の番役で、ほかには大名の諸荷物の監視、家臣たちの接待であった。とくに、囚人の護送は夜中が多いので、厳重な監視下にあったものの農民たちには恐怖感がつのった。しかし、囚人番雑用については、天保十一年（一八四〇）に池田雅次郎の命により「御免《ごめん》」となっている。

川明けの渡し場

減水による川明けは「脇通に相成ると弐合の水で歩行越口は明き」「乳《ちち》通になると、弐合水と唱え馬附口が明く」となる。

交易の買人、京登リ、吾妻下リ、伊勢参リ、富士詣でなどは八人懸りの台に乗せられ、又は肩車にて渡すものあり、相撲の関取は人を雇わず、丸裸になって土俵入りの如くわたるものあり

これは、『東海道名所図会』に描かれた大井川の越立《こえたて》の模様であるが、川明けになると、旅行者は輻湊《ふくそう》して渡る。それゆえ越立場の混雑を緩和するため、川明けの時は、臨時川越人足を雇い入れる。また、旅行者との相対《あいたい》で定めた賃銭で越立を許可するという応急措置をとっているため、なかには法外な川越し賃を要求しひそかに渡河させるという悪質な人足もいた。女性を半ば脅迫し強制的に肩車にのせ、無理に深みにはまったり、規定の越立場を通らずに回り越しをし、川越し賃銭を倍増するなど、目に余る行為が目立ちはじめた。路銀を使い果たした旅人はこのような横暴な人足に誘導されるのを嫌って「自分越し」と称し「渡し場」以外の場所から、勝手に渡河する者も現われ、深みにはまり、おぼれ死ぬ者も多々あった。このような混乱状況は、酒匂川ばかりではなかった。多かれ少なかれ徒渉を実施している河川には不祥事は尽きなかったのである。道中奉行は、正徳元年（一七一一）五月、次のような触《ふれ》を出し違反者を厳しく取り締まった。

定

一、往来之旅人ニ対し、川越之者かさつ成事《なること》すへからす、無礼悪口等之事あるへからす、たとひ軽き旅人たりといふとも、大切に思ひあやまちなき様に念を入へきこと。

一、川越札吟味《ぎんみ》する所より札を取、川越すへし、旅人と相対にて賃銭取へからす、旅人をいひかすめ、礼銭之外一切取ましきこと。

一、旅人いかやうにたのむといふ共、御法度《ごはっと》之脇道へまわるへからさること。

一、川越のこと、暮六ッ時以後手引にてもすへからす、若《もし》急の旅人断《ことわり》ありて、夜中に通るにおゐては川越肝煎《きもいり》にて吟味の上、水のかさ帯通りより上之時ハ、手引弐人帯通りより下之時ハ壱人ニ而《て》渡すへきこと。

一、旅人家来馬に取附越候ものあらは、乗掛馬ニハ弐人から尻馬ニハ壱人ニ通へからす。多ク取附ことあやうきに付て此定之外ハ無用たるへきこと。

（以下略）

正徳元年五月　日

ところが、正徳の触書《ふれがき》は一向に守られなかったのである。酒匂川の渡し場では、「近年心得違いの旅人」が、下りは小田原宿から廻り、上りは、国府津鷹野《こうづたかの》という場所から、飯泉《いいずみ》という地域へ抜け、巡礼が通行したという脇街道を通り

廻り越し横行

駿府へ抜けている。この脇街道は「巡礼《じゅんれい》街道」と称し、坂東《ばんどう》三十三観音の一つ、第五番の霊場《れいじょう》である勝福寺参詣《さんけい》のための街道で、国府津鷹野という地域が、幹線道路である東海道と脇往還《わきおうかん》の分岐点となっていた。この街道は「神社仏閣参詣の通筋」といわれたが、

「本道を除き、脇道である参詣道」に、一般の旅人たちが往来するようになったため、村民はこれに目をつけ「村々煮売茶屋《にうりぢやや》にて、ひそかに旅人に休泊の宿をいたし、又は茶立女をも留置き、繁盛《はんじよう》」（前出『酒匂川旧記』）するという状況になりつつあった。旅人たちは、本街道を通らず、この脇道を通り茶屋でゆっくりと休泊、村民の手を借りて、小舟で酒匂川を越した。

酒匂川の川越業務に携わっている村々では、このような状況を、道中奉行所に訴え、厳重な取締りを要請したが、廻り越しは、増える一方で、煮売茶屋の繁盛は、逆に旅人に歓迎されたのである。

道中奉行所は、「煮売茶屋」が増えることは「風俗の乱れのもと」ということで、酒匂川業務に携わる村々に対し「高札」を建てるよう命じたが、思ったほどの効果はなく「廻り越し」は激増の一途を辿った。廻り越し禁止の「触書」は、正徳五年（一七一五）を上限に、後期から幕末にかけて頻繁に出されているが、すでにこの時期になると、通行量も激増し現状の川会所《かわかいしよ》の組織運営機構では捌《さば》ききれず充分な統制もできず放任状態に置かれていた。もはや、ここまでくると川越制度自体に問題があり、川越徒渉制は弛緩《しかん》し、制度を根底から崩す一因ともなっていたのである。大井川では、川役人が廻り越しの「発見」

と「摘発」につとめ「祖法の確認」をせまり、不法者には厳罰をもってのぞみ、自らの体制を再編しようと努力した事例もうかがわれるが、時代の趨勢《すうせい》には勝てなかった。

廻り越しの取締りができなかった要因に川越賃銭のこともその理由の一つにあげられよう。村財政の赤字が村民の負担を大きくしているのである。

川越賃銭の変遷

酒匂川越賃銭は、寛文九年（一六六九）には、

脇通り以下は川越壱人ニ付き賃銭四拾《じゅう》八文《もん》
同断　商人越立《こえたて》の分　〃　六拾文
帯通り以下川越壱人ニ付　〃　三拾五文
同断　商人越立の分　〃　四拾文
股通り以下川越壱人ニ付　〃　拾六文
同断　商人荷物越立の分は賃銭拾七文

であった。おそらくこの賃銭は、他地域の賃銭との差はないものと思われるが、宝永四年（一七〇七）に、富士山に大噴火が起り、小田原藩領は壊滅《かいめつ》し、酒匂川は降灰《こうかい》のため、砂で埋《うま》り「越立難渋《なんじゅう》」となった。その結果、渡し賃も三五文、四八文と二本建《だて》になり、簡

素化された。しかし、これはあくまでも臨時的なもので、正徳元年（一七一一）に再編成された。川越賃銭は、東海道の主な河川では、それほどの差はない。この賃銭は文政期（一八一八〜三〇）まで、公定賃銭として不変であった。それぞれの時代の経済状況の変化にもかかわらず一〇〇年も据え置かれたのに、何ら抵抗すらなく役負担を黙々と勤めていた村民もようやく文政元年（一八一八）に、賃銭の値上げを要求し、それと同時に「誓詞《せいし》」を提出した。それは、次のような内容であった。

一、私どもは、日々、度々、見廻り、往来が多い場合は、越立場に詰切りにします。
一、川役人は、これまでは、東西に八人ずつ勤務していましたが、今後は二人ずつ増し、東西の川端に、詰切りにします。
一、東西の川端に詰切り、時宜《じぎ》により、御取締をお奉行様へお願いいたします。
一、割増しの賃銭のうち、一割は川越人足に支払い、二割は刎銭《はねせん》とし十五日毎《ごと》に残銭とあわせ、帳簿に正確に記載、村財政に繰り入れます。

ところが、賃銭の値上げはしたものの、激増する交通量と、火災・自然災害、くわえて物価の上昇と、ますます疲弊《ひへい》状況はエスカレートした。もはや、川越業務の赤字は、構造的なものでどうにもならなかったのである。

異国人の川越し

江戸時代、唯一の外交使節、朝鮮通信使《ちょうせんつうしんし》、オランダの甲斐丹《かぴたん》、中国人使節たちは、架橋していない河川をどのように越したのだろうか。これも、相州酒匂川の諸例をひもといてみたい。外国人の渡河は日本人の渡河とは対象的であった。それは、船橋と称して、川幅五町二〇間余の全幅に船を並べ、大綱やかすがいで結び、その上を渡るという大変不安定のもので雨が降れば、流失を免れないという危険きわまりないものであった。

『「朝鮮人来朝」覚書』によれば、「この儀、朝鮮人来朝の節、酒匂川船橋懸渡《ふなはしかけわたし》」に出る村は、「豆州《ず》ヨリ御役」とある。では、どこの村々からどのような船が使用されたのであろうか。表6は、享保四年（一七一九）『朝鮮人来朝ニ付、相州酒匂川船橋伊豆国ニ而相勤《てあいつとめ》候覚書』から、「船役」負担についてまとめたものであるが、提供している村々は駿河湾岸沿いの西伊豆地域の小漁村であることがわかる。これらの村落はいずれも、小規模な沿岸漁業を主たる生業とした貧困な村である。船は廻船・漁船・水揚ゲ船の三種で、二人～五人乗の小船が多い。ところが、これらの一部の村は、「三島宿の御殿御肴場《おさかなば》で、先年御上洛のとき御肴御用ヲ相勤《あいつとめ》」ることとなったのにもかかわらず徴発《ちょうはつ》されるのは、負担過重であると訴えている。

表6　酒匂川船橋架設国役負担一覧（享保4年）

村　名	船数	種　類	小計	種　類	水主数
三津村分	1船	5人乗	船	廻船	人
〃	7	3	11	漁船	25
〃	3	2		水上ゲ船	
重治郎	2		2	漁船	4
木負村分	3	2	6	漁船	12
〃	3	2		水上ゲ船	
久連村分	5	2	5	水上ゲ船	10
平沢村分	2	2	2	水上ゲ船	4
立保村分	2	2	2	水上ゲ船	4
東宗村分	1	4	6	廻船	14
〃	5	2		水上ゲ船	
足保村分	3	2	3	水上ゲ船	6
久料分	1	2	1	水上ゲ船	2
井田村分	1	2	1	水上ゲ船	4
戸田村分	3	8		廻船	
〃	8	7		廻船	
〃	7	6	28	廻船	114
〃	4	5		廻船	
〃	6	2		水上ゲ船	
土肥村分	6	33	8	廻船	45
〃	2	2		水上ゲ船	
八木沢分	1	8	2	廻船	10
〃	1	2		水上ゲ船	
合　計			77船		254人

※「朝鮮人来朝ニ付相州酒匂川船橋伊豆国ニ而相勤候覚書」より作成.

船橋と仮橋

船橋にかかる工事人足は、延べ一万八〇〇〇人を数えたという（『開成町史』）。このため、船橋架設負担が重いと周辺の村々では、窮状を訴える「願書」を提出している。延享四年（一七四七）の「願書」には、「元和元年中に朝鮮人の来朝の節は、御肴献上御用を相勤めますので、外《ほか》の役（助郷役や国役）などは御免となっ

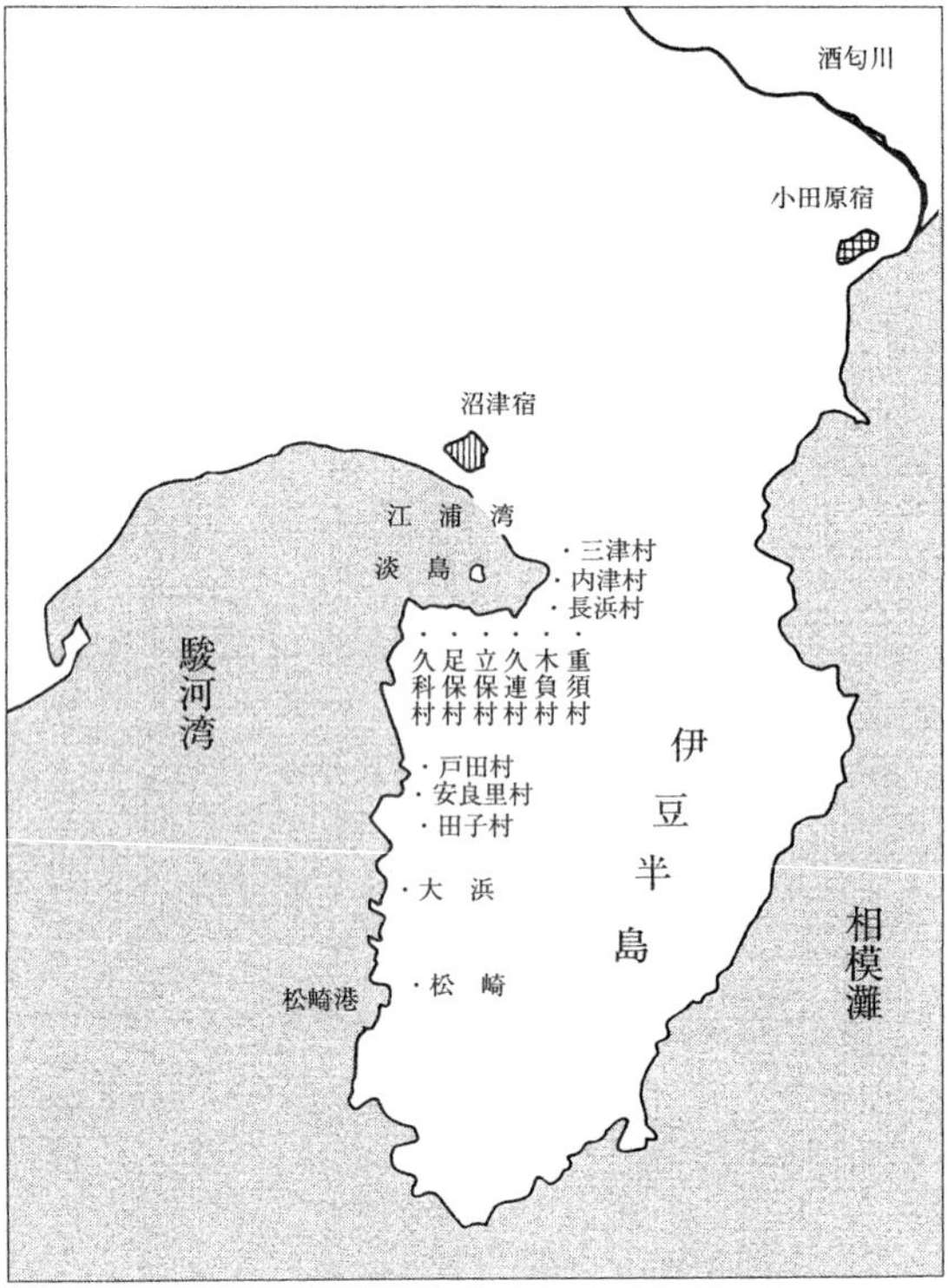

酒匂川
小田原宿
沼津宿
江　浦　湾
淡　島
・三津村
・内津村
・長浜村
久科村
足保村
立保村
久連村
木負村
重須村
駿河湾
伊豆半島
・戸田村
・安良里村
・田子村
・大　浜
・松　崎
松崎港
相模灘

図10　西伊豆村名一覧

ているのに、なぜ再度、外役（船橋掛役）がかかってきたのか」と、上申した。これらの一部の村は三島宿（静岡県三島市）への助郷役も徴発されているので、「前々より酒匂川の船橋掛役は免除となっているはず」「三重之御役ハ御免」と訴えたのである。この結果、相州のいずれかの村が、徴発されることになり、指定された村が、足柄上郡《あしがらかみぐん》の村々であった。

　ところが、これもまた二重の役負担は厳しいと申し入れた。「窮状」を訴えた村は、相州足柄上郡谷峨《やが》村である。谷峨村は名主文八、組頭《くみがしら》与三左衛門、百姓代政右衛門は、延享四年九月、堀江清治郎手代《てだい》、平尾茂平太、吉田民右衛門、大久保出羽守《でわのかみ》御内杉浦喜太夫宛、「乍恐書付以申上候《おそれながらかきつけをもってもうしあげそうろう》」にはじまる窮状を綿々《めんめん》と書きつらね、川越役は「国役」とは申せ「谷峨関所」の重い任務を負担しているので、免除してほしいと訴えた。窮状願書の文言によると、谷峨村は「酒匂川船橋御用」の負担については、吟味《ぎんみ》したところ、以前から「谷我村・河村山北両関所役、年々相勤」めているので、「船橋」の人足は「御免」となっていたというのにもかかわらず、今回、人足が徴発されるのは、納得がいかないという内容の主旨である。しかし結果的には、御免にはならず、やむを得ず負担することになってしまったのである。

以上のように、異国人参府の際の船橋架設には、酒匂川周辺の村落から、伊豆諸島に至るまでの広範な地域、領内外を越えての人足役が課徴された。またこれより先、「先荷物越立」があり、これにはわずかながら「御手当金」が助成されている。

金拾六両弐朱

内

金三両弐朱永《えい》百文　酒匂村

此分先荷物越立当番方江《へ》割取申候

金六両壱分弐朱永七拾五文　網一色《あみいっしき》村

金三両弐朱永百文

金三両弐朱永百文　山王原《さんのうはら》村

しかし、この程度の手当金ではとうてい賄うことは不可能であると三ヵ村は増額要求しているが、幕末までこれは据え置かれた。

外国人が通過すると船橋はただちに取り壊され、ふたたび歩行越しとなる。

酒匂川は十月五日より翌三月五日に至る期間は土橋をかけ、往来の利便をはかった。仮橋設置は寛永年間からであり、造営費用はすべて藩からの助成でなされた。仮橋の架設工事は、近在各村による請負工事によった。また各村の名主《なぬし》五名がその運営にあたり、修理は村民の請負によって行われた。

寛政九年（一七九七）、荻窪《おぎくぼ》村（小田原藩領下）の久五郎が仮橋工事を請負ったが、出水《しゅっすい》によって流失してしまい、「紀州様御通行の節川端ニ而《て》」「一時ヲ争イ夜ニ入テ迄ノ急場御普請」をしたが、流失した木材は六九〇本余で、「三拾両余ニも相当《あいあた》る」というものであった。久五郎は仮橋架設工事費として「七拾両壱分」と見積っていたが、半分損をしたので、請負代として増額の要求をしている。仮橋は、「三月五日ニ而《て》、取崩之儀《とりくずしのぎ》、本瀬之方ハ三ケ村ニ而取崩、枝川ハ小八幡村、国府津村、前川村、羽根尾村、川匂村ニ而取崩」すことになっている。架橋が長期にわたると川越人足が失職するということからも、一刻も早く取崩すことが先決であった。文中の小八幡村ほか五ヵ村は、小田原府内の村々である。

しかし、仮橋設置の本来の目的は、他にもある。それは、冬期渇水《かっすい》期であること、渡河の能率性、寒冷、諸々の条件が考えられているが、一つには、東筋村々からの年貢米の上納を円滑にするための手段であったことが左記の史料から考えられる。

東筋村々からの御年貢米を越立するのに橋がないのは不都合のため、稲葉丹後守様御代に仮橋と、となえ土橋を御懸渡に相成り申します。右の橋が出来てから年々十月下旬御掛渡に相成、夫《それ》より御上納済せる様に……

また流失した場合は、

御年貢《ねんぐ》上納の最中に流失した場合、歩行越《かちごし》で渡河上納するように。なお、土橋工事は、九月下旬にくりあげるが、十月五日巳《み》の上刻までには必ず上納すること

としている。

要するに仮橋設置は年貢米上納に、支障のないように設置されたものである。交通を阻む一つの例として、筆者の居住する神奈川県の河川、酒匂川を中心に「架橋」しないことが、いかに旅人を悩ませ、村民が川越の役を負担しなければならなかったかについてふれたが、多かれ少なかれ、徒渉による河川の場合、このような不自由な状況の中で旅をしたのであろう。

ところで、交通を阻む要素は、徒渉による川越しだけではなかったのである。一方では関所があり、人びとの旅を阻んでいた。それでも、江戸時代の庶民は、ひとときの楽しみを求め旅に出たのである。

つぎに、川越制度と対をなす関所の制度についてみていこう。

関所と手形

寛永二年（一六二五）八月、諸国の主な関所につぎのような「定」が公布された。

定

一、往還の輩《やから》、番所の前にて笠頭巾《かさずきん》をぬがせ相通すべきこと。

一、乗物で通し候者乗物之戸をひらかせ相通すへし、但《ただし》女乗物は女に見せ通すべきこと。

一、公家・御門跡《ごもんぜき》、その外大名衆、前廉《まえかど》より其沙汰可有レ之《これあるべく》候、改るに及へからず、但不審之事あらは、格別たるへきこと。右此之旨、相守るへき者也。仍而《よって》執事如件《くだんのごとし》。

寛永二年八月二十七日　　　　奉行

関所を通過する際、旅人にはまずこの高札が目に入る。〝入鉄砲《いりでっぽう》に出女《でおんな》〟、ご存知であろう。あまりにも有名なことばである。江戸時代、交通を阻む要素として河川の架橋禁止と同じようにあげておかねばならない事柄として関所があった。時代劇ドラマで関所を通過する旅人が関所役人から厳しい取調べを受けている光景が放映されるのを目にしよう。権力をバックに公儀《こうぎ》の役人が猛々《たけだけ》しく、旅人が携帯している「手形《てがた》」の検閲《けんえつ》をする。通関を許された旅人は、ほっと安堵《あんど》し、あらためて旅発つ。このように関所を通過するのには、「関所手形」を持参しなければ旅に行くことはできないのである。「手形」は現代のパスポートのような類《たぐい》である。

では、関所を通過するのに必要とされた関所手形とは、どのような形式で、どんな内容が書かれていたのだろうか。手形をまず参照し、解読してみよう。

差上申《さしあげもうす》一札《いっさつ》之事《のこと》

一、此者弐人《このものふたり》

豆州《ずしゅう》三嶋宿《みしまじゅく》迄《まで》、罷通申候《まかりとおりもうしそうろう》。

御関所無相違《おんせきしょそういなく》、御通被遊可被下候《おとうしあそばされくださるべくそうろう》。

為後日《ごじつのため》一札《いっさつ》仍《よって》如件《くだんのごとし》。

安政五年九月廿四日

麻布《あざぶ》

市兵衛町《いちべえちょう》

家主《やぬし》

伝兵衛《でんべえ》㊞

箱根

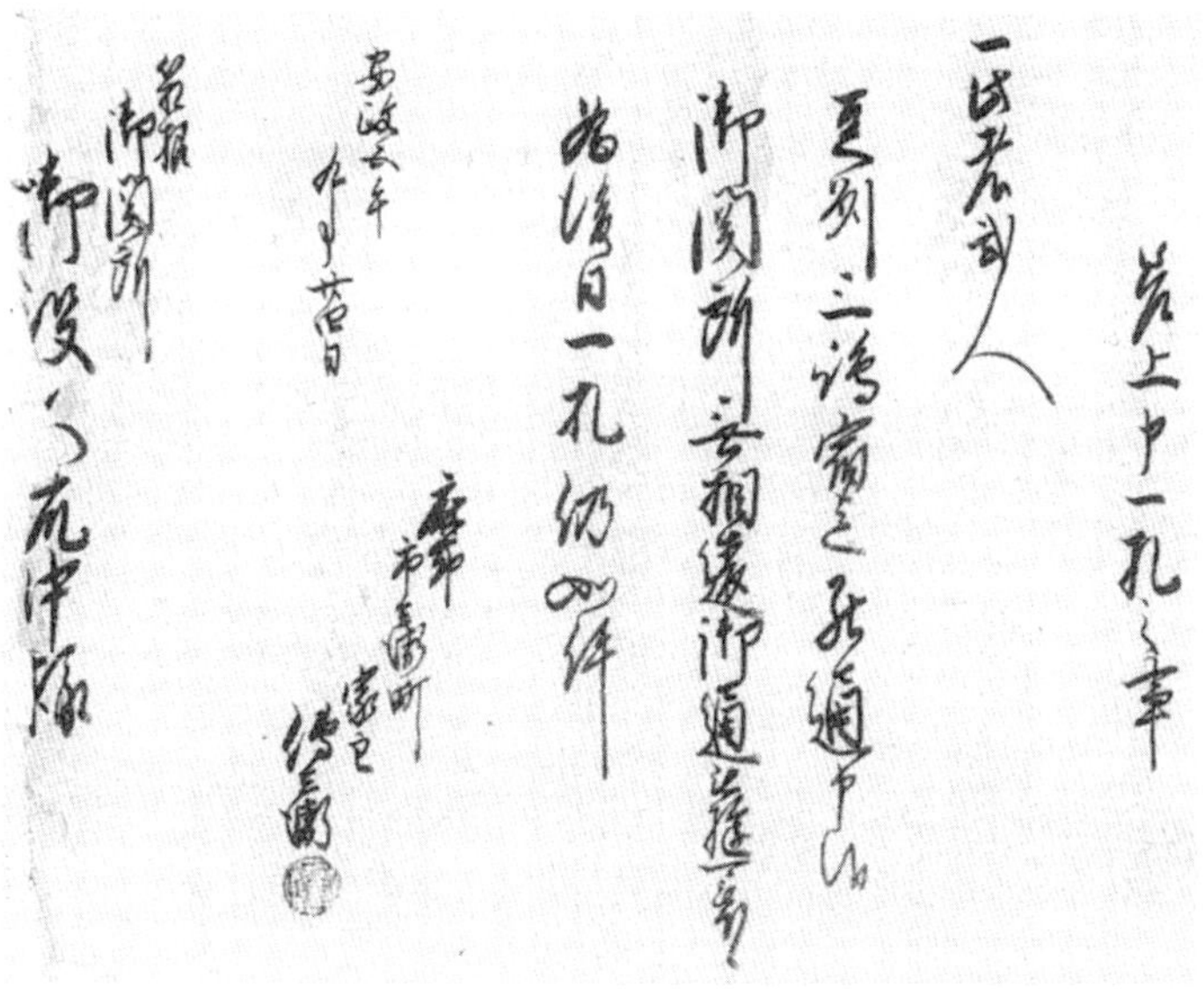

図11　関所手形（小田原市立郷土文化館所蔵）

御関所《おんせきしよ》
御役人《おやくにん》衆中《しゅうちゅう》様《さま》

提示した手形は、筆者が住んでいる神奈川県小田原市にある郷土文化館に、常時、展示されている手形で、多くの参観者の目にふれる、ごく一般的な関所手形である。

「関所手形」は、「通し手形」「関所証文」「関所切手」などとも呼ばれ、これを所持していない旅人は、関所の通関ができないばかりか、処罰の対象とされるのである。

この手形は、箱根関所を通過する二人の旅人が携帯していた手形である。おそらく旅人は男性であろう。手形の発行者は、麻布《あざぶ》市兵衛町家主の伝兵衛で、この手形を書いた者も伝兵衛である。宛先は、箱根関所の役人衆中。

ここには、通関する所持者の名前は省略されており「此者二人」と表記されているのみである。「此者二人」は市兵衛町の伝兵衛の店借《たなが》りであることは想像されよう。この二人の行く先は、豆州（静岡県）の三島宿で、旅の目的・用件は、この手形から知ることはできない。

一方、関所手形と同時に旅人が携帯する手形に往来手形がある。これは、個人の身分証明書である。

往来手形

まず、これも書式をみてみたい。

往来手形之事《おうらいてがたのこと》

一、此与三五郎《このよさごろう》と申者《もうすもの》当巳歳《とうみどし》四拾六才ニ罷成《まかりなり》、浄土真宗ニ而当寺旦那《てとうじだんな》ニ紛無之候《まぎれこれなくそうろう》、

今般諸国巡拝《こんぱんしょこくじゅんぱい》ニ罷出申候《まかりいでもうしそうろう》、

御関所無相違《そういなく》御通《おとお》し被下度候《くだされたくそうろう》、且何方《かついずかた》ニ而相果候共《てあいはてそうろうとも》、乍恐《おそれながら》御世話《おせわ》於其所《そのところにおいて》

御取置追而為御出願存候得共《おとりおきおつてごしゅつがんのためぞんじそうらえども》、一札如件《いっさつくだんのごとし》

天保四年　　本願寺御門跡院家《ほんがんじごもんぜきいんけ》

巳《み》五月七日

江戸浅草
徳本寺㊞

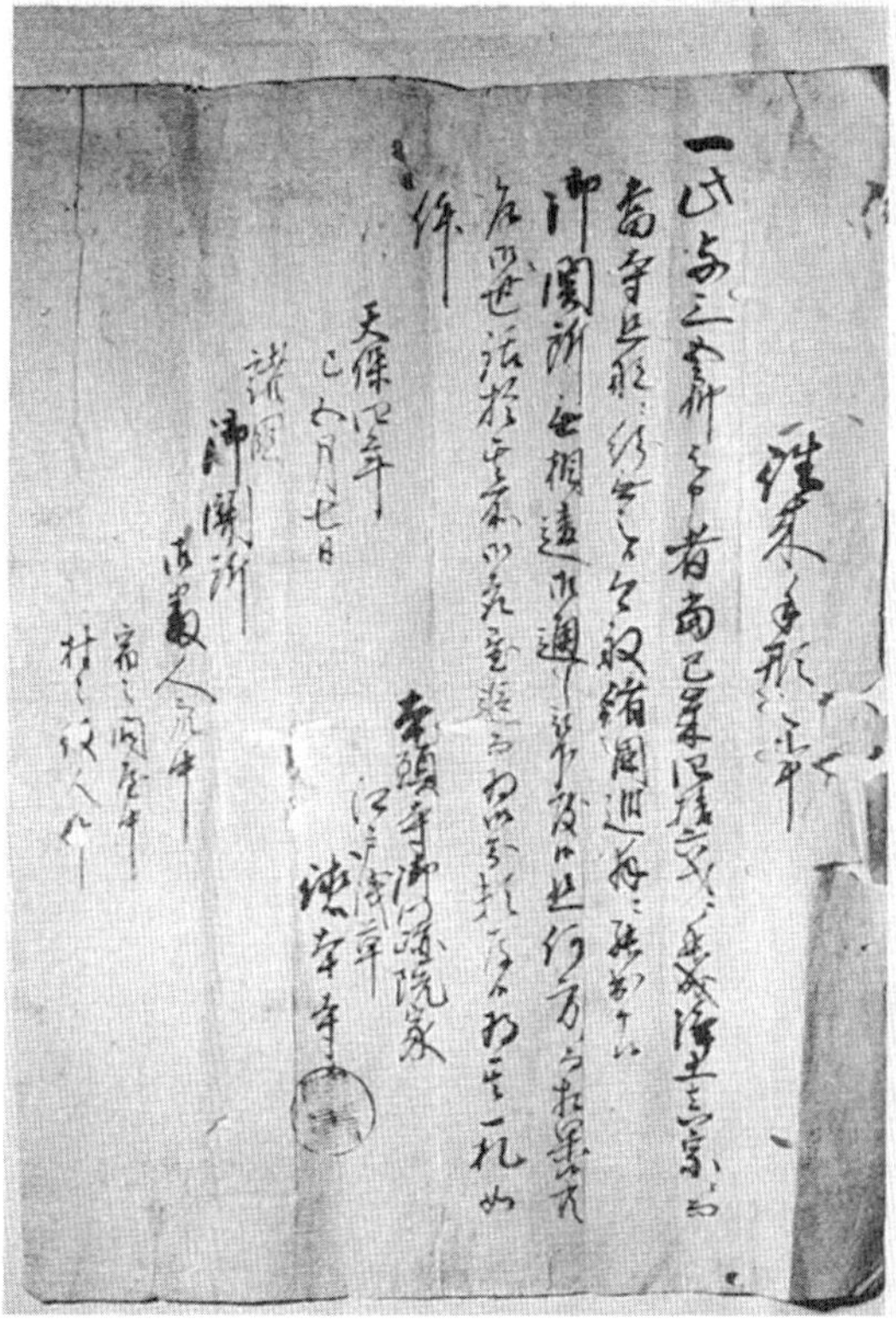

図12　往来手形（宇佐美ミサ子編『国府津真楽寺往来手形集』1964年）

諸国
御関所
御番人衆中
宿々問屋中
村々役人中

往来手形は「往来一札」「往来切手」などと呼ばれている。表題は必ずしも一定せず「手形之事」「一札」「往来切手」「一札之事」などさまざまである。

書かれている内容といえば、最初に手形所持者の名前と年齢である。ときには、住所が書かれる場合もある。

つぎに、必ず明記されるのが、宗旨《しゅうし》と旦那寺《だんなでら》である。これは絶対に書き落としてはならない。宗旨と旦那寺を書くことによってご禁制のキリシタンではないことのあかしとなるからである。この手形の所持者である与三五郎は、当年四六歳、宗旨は浄土《じょうど》真宗《しんしゅう》で旦那寺は江戸浅草の徳本寺である。この手形によると、与三五郎の旅の目的は、諸国巡拝ということである。

江戸中期から後期にかけての庶民の旅は「物見遊山《ものみゆさん》」「廻国《かいこく》巡礼」「社寺参詣」が大半を

占めている。なかには、「病気療養のための湯治」と記載されているものもかなり見られる。

ところで、「手形」の文言に「何方《いずかた》ニ而《て》相果《あいはて》候《そうろう》共《とも》、乍恐《おそれながら》御《お》世《せ》話《わ》於其所《そのところにおいて》、御取置《おとりおき》」とある。これは、旅の途中で、不幸にも病死、あるいは不慮の死を遂げた場合の遺骸の処置について述べたもので、江戸時代の庶民の旅はレクリエーションとはいうものの、危険もともなっていたものであったという証拠で、なかには「水杯《みずさかずき》」を交わして旅に出るということも往々にしてあったのである。それでも、わずかな路銀で旅に行くという庶民の心境は、現代の旅行に行く人びとの心理と共通する。

旅行者は、こうして身分証明書である「往来手形」とパスポートの役割を持つ「関所手形」を携帯し関所を通過できるのである。

それでは、なぜこのような、煩雑な関所を設置したのだろうか。一言でいえば、関所の設置目的は、江戸の防衛にあったのである。「入鉄砲《いりでっぽう》に出女《でおんな》」が、まさにそのことを象徴している。

『諸国御関所覚書』によると、全国には番所を含めて五三の関所が設置されたとある（図13参照）。この関所配置図でまず気付くことは、これらの関所の位置が、路線の分岐点、

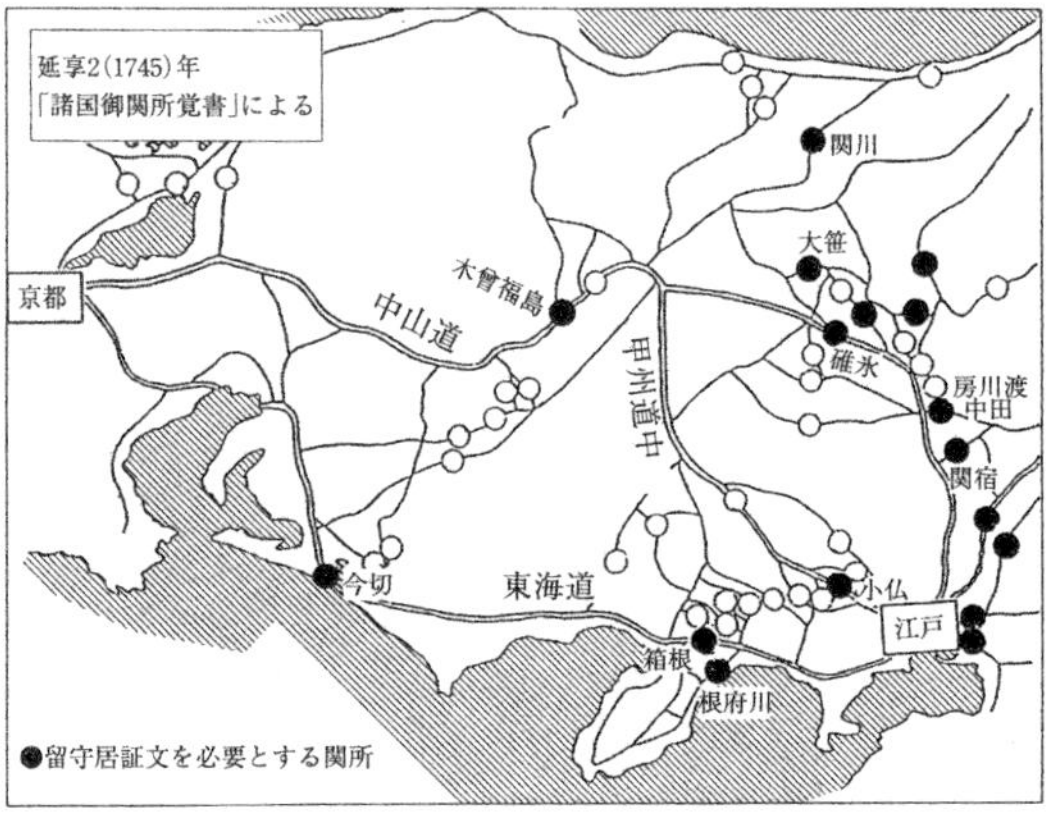

図13　関所配置図（作図：渡辺和敏，小暮紀久子改変，『西さがみ庶民史録』第48号，2002年）

河川、港湾、丘陵地、峠などの交通の要衝《ようしょう》地に配置されており、いずれも江戸を囲繞《いにょう》する要地であることがわかる。特に、関所の設置目的が、「諸国から江戸に鉄砲が入ること」であり、このことは幕府がもっとも恐れる理由だったのである。

一方、諸藩の大名の江戸在府にあたり、人質として江戸に居住することを強いられていた大名の妻たちの江戸出府《しゅっぷ》である。しかし、それだけではなかった。関所は、一般庶民であっても女性というだけで通関には厳しい規制があったのである。

女性の通関

江戸時代の女流歌人である井上通女《つうじょ》は、『帰家《きか》日記』の中で、箱根関所通関について「胸つぶれ

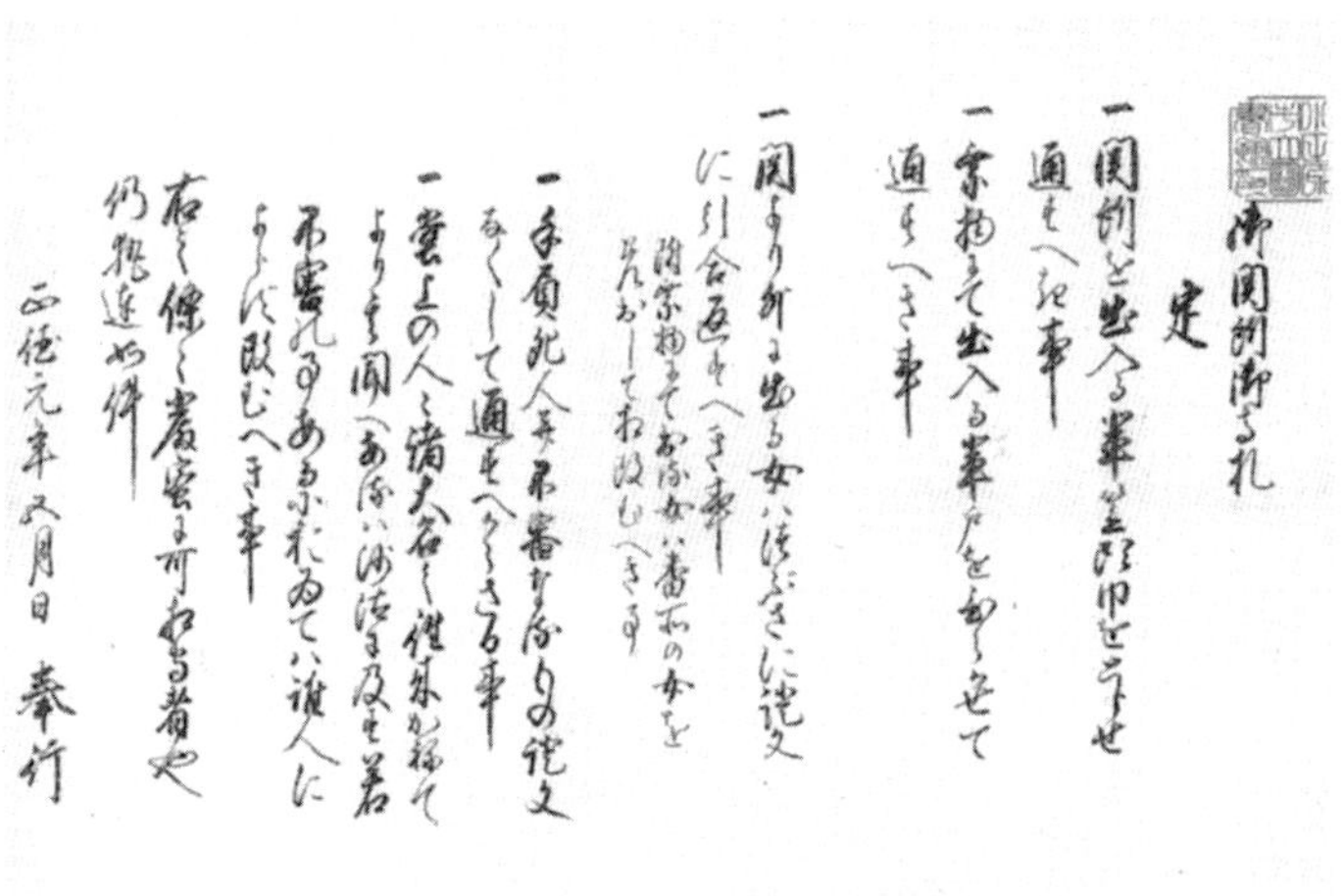

図14　関所高札（小田原市立図書館地域資料室提供）

る心地しつる」と述べているが、たったこの一行からも女性の通関は厳しいものであったことが察知できるだろう。

正徳元年（一七一一）、幕府は交通政策に大幅な規制を実施した。まず、手がけたのは交通制度の見直しである。そのうちの一つが女性の関所通行に対する規制強化であった。この年、重要な関所である箱根・根府《ねぶ》川・矢倉沢《やぐらさわ》（いずれも神奈川県）の三ヵ所の関所に、寛永二年（一六二五）に定められた高札に、あらたにつぎの項目がくわえられた。

関より外に出る女は、つぶさに証文に引き合せて通すべきこと。

この追加条文には、はっきりと女性に対

する規制があることに気付く。この条文によると女性が藩領外に出るについては、漏れなく証文と照合して通すという厳しい制約である。ここでいう証文とは「御留守居証文」のことで、「御留守居証文」は男性が通関する場合は必要とせず、所持しなくても通関できるが女性は必ず携帯することになっている。小暮紀久子氏によると、女性の通関チェックは時代によってかなりの変動があり、より細部にわたっての項目が、女性旅行者の通関をさまたげたという。

寛文元年（一六六一）の「女手形可書載覚《おんなてがたかきのせべきおぼえ》」には取り調べるにあたっての項目につぎのような項目がある。乗物・禅尼《ぜんに》・比丘尼《びくに》・髪切・小女《こおんな》・乱心の女・搦《からめ》の囚人・死骸。このうち、乗物・搦の囚人・死骸の三項目については男女共通の項目だが、あとの五項目については女性に限られている。「女手形可書載覚」にはつぎのように書かれている。

女手形可書載覚

仮令《たとえ》

女《おんな》 上《じょう》下《げ》何人《なんびと》之《の》内《うち》

一、乗物　何挺《なんちょう》

一、禅尼　是ハ能人《よきひと》之後室《こうしつ》、又姉妹なとの髪そりたるをいふ

一、尼　　是ハ普通之女髪そりたるをいふ
一、比丘尼　是ハ伊勢上人《しようにん》、善光寺抔《など》之弟子、又よき人の後室の召仕ニ有、熊野《くまの》比丘尼等なり
一、髪切　是ハ髪長短ニよらす、少く切候共、又短く切候共、何《いず》れも髪切なり
一、小女　是ハ当歳より十五六迄《まで》も、振袖《ふりそで》之内ハ小女たるへきなり
一、乱心之女
一、搦之囚人　但、是ハ男女共ニ
一、死骸　但、是も男女共ニ

末尾には、「右の手形に書載したこと以外は、関所において、人別の改めは強制しない」と述べられている。とくに、女性の髪切については、貞享三年（一六八六）の「覚」はより具体的で、「髪の長短によらず、少し切ったとしても、はさみをいれ、出来物などがあっても、はさみをいれ髪切るように。揃っていない髪は髪切とはいえず、これも、揃えておく。これを髪切という」とある。

ふたたび、井上通女の『帰家日記』から髪切の部分をみてみたい。

髪筋など懇《ねんごろ》にかきやりつつ見る。むくつけゞなる女の年老ぬれどすこやかにて、いと

あらましきが近やかによりきて、だみたる声にて物うちいひかくるも心つきなく、いかにすることにかと恐ろし……(略)。

濁声《だみごえ》のいかにも憎々《にくにく》しげで頑丈そうな加齢した女性が、通関する女性の髪の本締を解き、かき揚げながら頭髪を丹念に調べるさまが想像できる。この取調べをする女性を「改め女」あるいは「人見女《ひとみおんな》」と呼んだ。現在、東海道の箱根関所には、この「改め女」が、旅をする女性の髪を櫛《くし》で梳《と》かす仕草をしている人形が展示されているが、訪れた旅行者は、人形とはいえあまりにもリアルに作られている等身像に驚嘆する。おそらく各地の関所にも、これに似た風景が見られたことだろう。

江戸時代の旅する女性にとって「改め女」の取調べは屈辱以外のなにものでもなかったのである。天明七年（一七八七）、筑前《ちくぜん》小倉藩士小笠原長元の妻いせ子も箱根関所で「改め女」から大変はずかしい取調べをうけたという（柴桂子『江戸期の女たちが見た東海道』桂文庫、二〇〇二年）。

しかし、このような厳しい女性の通関規制も幕末には緩和され、文久二年（一八六二）十一月には、大名の妻子の帰国について、「簡単に通すこと」とし「御留守居証文」の携帯は不必要、乗物の改めもしないということに変ったのである。さらに、慶応三年（一八六七）の「条々」には、「婦人の通しかたについては、別に言うこともなく、すべて男子と同様の振合をもって通す」「小女の振袖や留袖も勝手次第」となったのである（『徳川禁令考』）。

宿場の風景

『東海道中膝栗毛』の宿場のようす

此《この》川をこへゆけば小田原のやど引、はやくも道に待ちうけて、やど引「あなたがたは、お泊でござりますか、　弥二「きさまおだはらか、おいらァ小清水か白子屋にとまるつもりだ、　やど引「今晩は両家とも、おとまりがござりますから、どふぞ私方へお泊下さりませ、　弥二「きさまのところはきれいか、　宿「さやうでござります、此間《このあいだ》建直《たてなお》しました新宅でござります、　弥二「ざしきは幾間ある、　宿「ハイ、十畳《じょう》と八畳とみせが六でうでござります、　弥二「すいふろはいくつある、　宿「お上と下と二ツづつ四つござります、　弥二「女はいくたりある、　宿「三人でござります、　弥二「きりようは、　宿「ずいぶんうつくしうございます、　弥二「きさま御亭主《ていしゅ》か、　宿「さやうでございます、　弥二「かみさまはありやすか、　宿「ございます、（中略）だんだん打つれて、ほどなく小田原のしゆくへはいると、両がはのとめおんな、　女「おとまりなさいませ、く……、

図15　小田原での宿泊（歌川広重「東海道中膝栗毛　小田原泊り」『浮世絵が語る小田原』夢工房）

引用した文章は、江戸時代後期、劇作者として有名な十辺舎一九《じっぺんしゃいっく》の名作『東海道中膝《とうかいどうちゅうひざ》栗毛《くりげ》』の小田原宿での旅籠屋《はたごや》の主人と、弥次郎兵《やじろべ》衛《え》・北八《きたはち》とで交わしたくだりである。通称、弥次さん、北さんという、いささか間の抜けた二人の人物が東海道の各宿を舞台に、地方の風俗や、習慣・人物の言動・服装・名物・遺跡・遊廓《ゆうかく》などを克明《こくめい》に描いた傑作であることは周知であろう。

『東海道中膝栗毛』は、享和二年（一八〇二）に初編が刊行され、文政五年（一八二二）に至るまでの二〇年間に再版を重ね多くの人に読まれたようである。

たしかに、ノンフィクションではないが、当時の

庶民の旅のようすが弥二・北の目を通して会話形式で、しかも失敗を重ねながら旅するさまは、現代のユーモア小説に匹敵《ひってき》する名作である。

この作品からは、庶民の旅の「明」の部分が具《つぶさ》に読みとれ、身分差を越えた自由な庶民の側面が浮上するが、「金さえあれば、自由な社会」（武陽隠士『世事見聞録』岩波文庫、一九九四年）だけが宿場ではなかった。宿場にはさまざまな旅人が逗留《とうりゅう》し、さまざまな人が生活し、宿を支えていたのである。

旅ブーム到来

「旅ブーム」は、いまも、むかしも変らない。人びとは「癒《いや》し」を求めて旅に出る。筆者もその一人かも知れない。地方の文化や知識を享受し、ゴージャスな宿舎《やど》に泊まり、美味なごちそうを堪能《たんのう》する。

旅行ブームは、享保期（一七一六〜三六）ごろより急速に発展した。庶民は、貯《たくわ》えたわずかな路銀《ろぎん》で、「お伊勢参り」や、「江戸見物」などに足を運んだ。旅の目的は「社寺参《さん》詣《けい》」がもっとも多くを占め、宝永二年（一七〇五）には、三六二万人の人が「おかげまいり」をしたといわれる（深井甚三『江戸の宿──三都・街道宿泊事情』平凡社新書、二〇〇〇年）。

当時、日本の人口は約三〇〇〇万人。約一割の人が、社寺に詣《もう》でているということになる。つづいては「物見遊山《ものみゆさん》」であった。貨幣経済の農村への浸透は、ささやかな余暇を農民に与えることができ、なかには「一生にたった一度の旅」ということもあって、克明に道中の風景や、地方で遭遇したできごと、見知らぬ人との出会い、宿の食事、風習、行事など、微に入り、細に入りメモし日記に残す人も少なくなかった。それらの記録は、現在に至るまで読み継がれ、貴重な旅の体験記録として、地域で保存されていよう。

道中日記は、有名・無名を問わず、かなり書かれていた。なかには女性の書いた日記も多く、とくに江戸時代の女性の旅は「怖い」というイメージを払拭《ふっしょく》させた（柴桂子論文）。江戸時代の女性の旅日記を追う柴氏は、女性の書いた日記を通して、女たちの旅が、自らの意思で楽しみつつ名所や旧跡を巡り、貪欲《どんよく》に知識を得ようと書き記したともいわれる（柴桂子『江戸期の女たちが見た東海道』桂文庫他、二〇〇二年）。

旅籠屋

薄暮ともなると宿場の旅籠屋の店頭には「客引」の姿が、ちらほらと見られる。広重の浮世絵にも、疲れた旅人の手を引き寄せ、強引にとどめようとしている「留女《とめおんな》」と言われる女性が描かれている。旅ブームで、宿場は旅行者が逗留するのでにぎわった。宿場で一般庶民が宿泊できるのは、旅籠屋だけで各街道の宿場には、大・中・小の旅籠屋が軒をつらねていた。旅人は、旅籠屋でゆっくりとくつろぎ、英気《えいき》を養い、次の旅にむかう。

旅籠屋の起源は古く、平安時代にまで遡《さかのぼ》る。十一世紀に編まれた『今昔物語』の「東下り」の項に「然《さ》る程に夜になりぬれば、旅籠開《ひらき》て物など食ひて寄り臥《ふ》したるに……」とあり、「旅籠」という文字が散見できる。

この「旅籠」の意は、旅行用に携帯した「籠」をさし、なかに食糧や身のまわりの品を入れて旅人が、持ち歩いた荷物で、これが転じて旅行者に宿を提供し、料理をして、食事をもてなすところと考えられている。旅籠屋が本格的な宿舎として機能するようになったのは、宿駅が設定され公的宿泊機関である本陣《ほんじん》・脇《わき》本陣に対応して、私的な旅行者のために創設されたからである。旅籠屋は、江戸時代の渡世《とせい》稼業としては、条件さえととのえば容易に開業できたが、経営はそれほど簡単なものではなかった。

田中丘愚《きゅうぐ》は、『民間省要《みんかんせいよう》』の中で、旅籠屋について次のように言う。

旅籠屋と言うもの、一生埒《らち》の明《あけ》ぬ物也《ものなり》。凡《およ》そ、道中のハタごや(旅籠屋)に二品あり。本百姓と女持なり。百姓を兼たる旅籠屋は、耕地を業としてあへて是を心とせす。女を持ちたる者は、其の品によりて毎日銭の湧くこと……(略)

右の文言から、察知されるだろうが、江戸時代には、旅籠屋と称される宿泊施設は二種類あった。一つは、農業を兼ねている旅籠屋、一方は「女を持ちたる」とあるように飯盛《めしもり》女《おんな》を抱えている旅籠屋で、前者は、一般的に平旅籠屋、後者は飯盛旅籠屋と区別している。しかし、「女を持ちたる者は……」「毎日銭の湧くこと……」とあるように、飯盛旅籠屋の経営は宿泊客が集中するので繁盛《はんじよう》していた。

ところが、「草木とともに春夏は往還繁ければ栄へ、秋冬に至、往還すくなき時は草枯と成る……」（『民間省要』）といわれるように、旅籠屋は草木の成長と同じで、陽気が良い春夏には往来も多く、宿泊客もあり繁盛するが、秋冬の寒い季節になると草木が枯れるのと同じように衰退していく。そのせいか、開業は簡単にするが、「消し際《ぎわ》」（廃業）も早いという。

旅籠屋の諸道具

旅籠屋は、客へのサービスということでは、最低限必要とされる諸道具は取り揃えなくてはならないだろう。

慶応二年（一八六六）、日光例幣使《れいへいし》街道木崎《きざき》宿の百姓、定吉が新規に旅籠屋を開業するにあたり、与三郎から借用した建具《たてぐ》をみると、つぎのようである（拙著『宿場と飯盛女』二〇〇〇年）。

借用申道具証文之事《しやくようもうすどうぐしようもんのこと》

一上見世《(店)》い《(え)》んかわ
一横格子　壱本。　一並格子　五本。
・見世《(店)》之間
一障子　四本。　一唐紙　弐本。　一畳　八丈。
・中之間
一畳　八丈。一唐紙　弐本。　一弐間　掛棚　壱ヶ所。
・上段之間
一畳　八丈。　一唐紙　四本。　一障子　四本。　一雨戸　四本。
・奥之間弐間ニ而《て》
一雨戸　拾七本。　一障子　拾六本。　一畳但し縁付　拾六枚。　一木額　壱枚。
一袋戸棚唐紙　三本。　一乱間《(ママ)》　八本。　一帯戸　弐本。　一唐紙　四本。
・二階
一畳　三十三丈。　一半畳　弐枚。　一半障子　拾弐本。　一小障子　六本。　一半格子　拾弐本。　一九尺弐本障子　弐本。　一並障子　三本。　一唐紙　拾四本。　一下見世い《(え)》んかわ

一格子　三本。　一雨戸　三本。　一九尺四本　障子四本。一並障子　三本。　一板畳　壱枚。　一炉縁蓋附　壱ヶ所。　一六丈。　一戸棚半戸　四本。　一九尺戸棚　壱ヶ所。
・表口
一大戸　壱枚。
・茶之間
一押入大戸　弐本。　一たゝミ　五丈。　一大階段子　壱丈。　一此棚　弐本。
一炉縁　壱ヶ所。　一畳□壱枚。
・勝手之間
一腰障子　壱本。　一弐間棚　三枚。　一つけ棚　壱ヶ所。　一いひすこ棚　壱ヶ所。　一壱間棚　弐枚。
・中庭
一大焼石　拾弐。　一小焼石　弐十位。
これは、「見せ之間」とあることから飯盛女が並ぶ「出店」のことだろう。

旅籠屋の規模と奉公人

宿場の旅籠屋には、大小さまざまな旅籠屋が林立《りんりつ》している。賑《にぎ》わう宿場には、大規模で、専業の旅籠屋が多い。なかには、大規模なものは、一〇〇坪以上の大旅籠屋もあり、一五坪以下の小規模の旅籠屋もある。東海道岡部宿（現静岡県）の「柏屋」という旅籠屋は、敷地面積は、二三四八坪（約七七五〇平方メートル）、延床面積は約一〇〇坪（三三一平方メートル）。これは、旅籠屋としては大旅籠に属するだろう（大旅籠「柏屋」歴史資料館）。例えば、東海道保土ヶ谷宿では、天保十二年（一八四一）、大・中・小あわせて六九軒の旅籠屋のうち、七軒が大旅籠屋で、中旅籠屋が二六軒、小規模のものが三六軒である。大旅籠屋にランクされているのは、六〇坪以上の坪数を要し、間口・奥行も広く深い。それに対し、中規模では、三〇～四〇坪ぐらいである。小規模の旅籠屋の中には、一二～一五坪ぐらいの狭い面積の家屋もある。しかし、家族だけで経営している旅籠屋、奉公人の使用人数によっても異なるので、経営規模については、面積だけではかることはできない。

各宿場の旅籠屋には、奉公人の人別書上げがあり、登録することになっている。旅籠屋の奉公人は、総じて下男より、下女の人数の方が多い。飯盛下女の場合は、二人が限度であるから、書上帳には、二人と記されている。現実は、下女と雇用されても実態は「飯盛下女」として使役される場合が多い。飯盛下女の稼ぎが旅籠屋の経営をうるおし、宿場を繁栄させる手段ともなると、違反も止むなき選択となっていたようだ。この点については次の「宿場の陰影」でふれたい。

図16　当時を再現した岡部宿大旅籠「柏屋」
（大旅籠「柏屋」歴史資料館提供）

図17　現在の柏屋（静岡県岡部町）

宿賃と食事

現在、旅行ブームといわれるようになったのは、宿泊代が安価になったからだ。かつてバブル時代には、三～五万円もした高級ホテルも、いまは、一～二万円と格安で庶民にも利用できるようになったからだろう。江戸時代もまったくそうであり、気軽に宿泊できたのである。小林太郎氏の解読した『参宮旅日記』には、嘉永五年（一八五二）の旅籠屋の宿泊費が掲載されているが、それによると、平均一八〇～二〇〇文である。脇本陣クラスの大旅籠屋になると、二〇〇～三〇〇文となっているが、天保期の職人一日の標準賃銀がおよそ三〇〇文。幕末四〇〇～五〇〇文であったことからみても総じて、安価であるといえるのではなかろうか。

ゆっくりとくつろげる旅籠屋、「一世一代の楽しみ」、だれもがささやかだが、宿泊する旅籠屋では、どんなサービスをしてもらえるのか楽しみである。それは食事である。一般に木賃宿《きちんやど》は、食事は出さない。宿泊客が、食料を持参し、自炊をする。江戸時代の初期は、旅籠屋といっても、食事は提供しないところが多く木賃宿の性格が濃厚であったが、食事を提供するようになっていったのが、いつごろだったのかはっきりしていない。深井甚三氏の調査では、

三島宿の例をみると、

夕食　汁（無品）　平付《ひらつけ》（いも、人参、昆布《こんぶ》）
　坪（すり身・干大根）
　菓子椀（海老《えび》・青海苔《のり》）
　焼き物（小鯛）
朝食　汁（無品）　平付（八杯豆腐）
　菓子椀（かまぼこ・板海苔）
　猪口《ちょこ》（黒豆・水豆腐・ふ）

と述べられている。かなり、贅沢である。現代の家庭の食事内容とそれほどの差はない。

文化十年（一八一三）、大坂の商人升屋平兵衛門の『道中日記』は、食事の内容として、つぎのような品々をメモしている（「柏屋」歴史資料館）。

草津宿
夕食　汁（湯葉《ゆば》・菜）
　平（かまぼこ・かんぴょう・ごぼう）
　焼物（塩あじ）
　その他（膾《なます》　大根・柿・青菜入）

朝食　汁（かぶら）
平（水菜・椎茸《しいたけ》・湯葉）
焼物（干くち）
猪口（梅干）

岡部宿
夕食　汁（大根）
平（かまぼこ・いも・人参・菜）
焼物（干甘鯛《あまだい》）
朝食　汁（無品）
平（いも大根・椎茸・揚豆腐）
坪（濃漿《こくしょう》・豆腐・ふ）
その他（茶飯）

小田原宿
夕食　汁（無品）
平（むしかれい・菜・うど）

焼物（小かれい）
坪（濃漿・いも・豆腐・海苔）
朝食　汁（無品）
平（海苔・いも・豆腐かけ）
焼物（かさご）

旅人は、これらの夕・朝食を賞味し、ふたたび宿場をあとにし旅に出る。

宿場は、あらゆる人びとが行き交う。庶民にとって宿場は身分差を越えた唯一の場所でもあった。庶民といってもいろいろである。百姓・行商人・浪人・無宿者・巡礼・ごぜ・えた・山伏《やまぶし》・修行僧・乞食・遊女・河原者・相撲《すもう》とり・人形使い等々……。なかには、盗人やお尋ね者なども浮遊していた。

宿場には、これらの人びとが往来し、逗留し、いきづいていた。その中には、宿内を跋《ばっ》扈《こ》し、徘徊《はいかい》し、酒食を強要するなどし捕縛《ほばく》の対象となった者も少なくなかった。下重清氏は、これら体制からはずれた人びとを「道《みち》の者」「通り者」と称し、むしろ「士・農・工・商」から、はじき出された「周縁」の人びとのエネルギーこそ近世社会を形成していたという（下重清『稲葉正則とその時代』夢工房、小田原ライブラリー、二〇〇二年）。たしかに「私」の宿場にはいろいろな身分層の人びとが存在し、これらの人びとは、宿内に定着し共同体を形成するという状況にはなかったものの、少なくとも体制や権力に同じない人びとの集団が、自らの意志で、自由に生活していたことを見逃してはならない。

宿場の取締り

しかしながら、幕府は宿駅としての規範、秩序を維持するためには、厳しく宿場の規制をし、統制した。とくに、旅籠屋の見廻りには、念を入れ、旅籠屋に宿泊する旅人の宿帳には、国・氏名・在所など詳細に記させることにした。なお、貞享二年（一六八五）の道中奉行所の触には、旅人の旅籠屋での逗留は原則として一泊とし、二泊以上は禁止している項目もみえる（『御触書寛保集成』）。

小田原宿では旅籠屋に宿泊する旅人の中には、最低の路銀しか持ちあわせず、見知らぬ人たちと相部屋になり、持ち物の紛失、けんか、賭けごとにまきこまれるという事例もあり、「あやしき者」「お尋ね者」のひそむ要素は多分にあったと考えられる（安政四年『御用留』）。宿役人は、旅籠屋一軒ごとに不審の者があれば、ただちに知らせることや、帳付の者が念入りに見廻ることなどを厳しく指示している（『御触書寛保集成』）。

そこで、旅籠屋自身が、積極的に協同で、独自の規定書を作成し、幕府からの厳しい忠告に対応するため、自粛《じしゅく》することを箇条書にし提出している。しかしながら、文政二年

（一八一九）に、東海道の川崎宿・神奈川宿・保土ヶ谷宿・戸塚宿・藤沢宿（いずれも神奈川県内）の五宿が関東取締出役堀江与四郎宛に提出した申し合わせ事項によると、飯盛女設置人数制限を厳守することや、飯盛女の服装は木綿に限ること、往来の旅人を無体に引きとめ、強引に金銭の要求をしない、宿内の者や、助郷人足《すけごうにんそく》の宿泊禁止など一三項目にわたり、飯盛女の風俗的な側面のみを強調した規制に終始している。宿場における風俗の紊《びん》乱《らん》、放埒《ほうらつ》的状況は、飯盛女の存在を規制することで緩和されるだろうということなのだろうか。

近世の交通政策の重要な要《かなめ》である宿駅制。その役割と機能は、周知のように宿から公への貨客の輸送が円滑《えんかつ》に行われることにある。宿は二つの「顔」を持つ。宿駅の制度を支えた公儀の役負担者である町人層。そして一方、宿場という空間的世界を形成し、自由奔放な「周縁」に生きる人びと等々……。

宿は、これら多様な人びとが、重層的・複合的に混在する社会であったが、「公」の宿駅と「私」の宿場が「表裏」の関係を保ちつつ成立、維持されていたのである。

宿場の陰影

飯盛女の生活

飯盛女の設置

飯盛女の墓

豊かな優しい顔。にこやかに旅行者に問いかけるようなほほえむ姿に、思わず観光客は足をとめる。旧追分《おいわけ》の宿場（長野県軽井沢町）の「分去《わかざ》れ」という地に建立《こんりゅう》されている母子像である。通称、土地の人は、マリア観音《かんのん》像とも呼ぶ。「分去れ」という地名の通り、ここは旧追分宿のはずれ、中山道《なかせんどう》と北国《ほっこく》街道の分岐点である。

さらしなは右、みよしのは左にて
月と花との追分の宿

と、標識に刻まれ、人びとは「分去れ」の庚申塔《こうしんとう》や常夜灯《じょうやとう》、母子像、観世音菩薩《ぼさつ》像に魅せられ、ほっと一息いれる。江戸時代、京都から中山道を江戸へ下る旅の者、越後《えちご》国から北国街道を抜けてここから中山道に入り、関東へ行く者。多くの人たちが、それぞれの思いをこめて、この「分去れ」から「出る者」「入る者」、いずれもここで別れ、出会った。ここからしばらく歩くと旧町並の素晴らしい景観をとどめた静寂な街道に、旧脇本陣《わきほんじん》の油《あぶら》屋《や》が、昔日《せきじつ》の面影を残している。ここには油屋のほかに、枡形《ますがた》の茶屋、旅籠《はたご》屋などが並び、旧宿場をほうふつとさせてくれる。その家並の一角に、泉洞寺があり、境内《けいだい》の奥まった森の中に、ひっそりと飯盛女たちの墓の群が建っている。すでに墓石は摩滅し、戒名《かいみょう》らしい文字も判読できない。かすかに「〇〇の墓」とあり、享《きょう》年一八歳、などと刻まれているのが目につく。墓石には飯盛女らしい名前と享年のみが刻されている。墓石のどれもこれも、刻された年齢は二〇歳を越えていない。短い生涯であった。筆者は、飯盛女の墓に詣《もう》でることがしばしばある。東海道御油宿（愛知県豊川市）東林寺。ここにも、飯盛女の墓がある。それぞれの墓に「嘉永元戊申年傾山癸城信女　俗名豊吉」「嘉永元戊申年傾室雲城信女　俗名□□」「嘉永元戊申年傾岸淵城信女　俗名ため助」（□□は摩滅して判読不明。他の二基は判読不能）という文字が刻まれている。土地の人の話では、この墓は、明治に建てられたという。おそらく、旅籠屋の抱主《かかえぬし》が、一般の死者と同じように、戒名を付して建立したものと考えられる。現在でも、花や線香《せんこう》は絶えないという。

相模湾に面した小田原宿には、東海道に沿って、海岸縁に寺院が集中する。そこには、多くの無縁の墓石が群をなし、戒名のない女性の墓石がある。これもまた享年二〇歳前後と刻まれ、小田原宿の飯盛女の墓石ではないかと想像される。住職もそうではないかと伝承されていると言われるが、真偽《しんぎ》のほどは不明である。

さて、ここでは、宿場を支えたといわれている女性の一形態として、飯盛女の存在について、以下、述べていきたいと考える（拙著『宿場と飯盛女』同成社、二〇〇〇年）。

享保三年の「覚」

元禄期より享保期にかけて急速に交通量が増え、宿場はしだいに繁忙し、多くの旅行者が逗留《とうりゅう》するようになっていった。宿場は庶民にとって交流の場となり、お互いに情報を交換する自由なところとなった。前述したように、本来、宿場は公用旅行者のための人馬継立《つぎたて》の中継地であるはずが、本来の機能をはずれ、遊里《ゆうり》の場と変りつつあったが、宿財政の逼迫《ひっぱく》によって旅籠屋からの上納金が宿財政の一部を担っているということもあり、幕府は、宿場の風俗の乱れを取締ることもできず、旅籠屋の旅客への過剰なサービスにも、なす術もなく、見逃がさざるを得ない状況に追いこめられていた。一方、旅籠屋は逗留者の増大をはかるためには、いかなる手段を講じても旅行者を滞留させる必要があった。それには、旅籠屋で奉公する下女に売春を強要し、飯盛女の不足分を補うというあこぎな商売をごくあたりまえのようにくりかえしていたのである。幕府は、享保三年（一七一八）に、売春婦の設置を一応は認可するが、制限を加える法令を下知《げち》した。その法令とは、つぎの「覚《おぼえ》」である。

覚

一、道中筋旅籠屋之食売女《しょくばいた》、近年猥《みだり》ニ人多きに有由《あるよし》ニ候、向後《きょうご》、江戸拾里四方之道中筋には、古来之通り旅籠屋壱軒ニ付、食売女弐人宛之外、堅《かたく》差置《さしおき》申す間敷候、拾里外之道中筋旅籠屋も右に準し可申候《もうすべくそうろう》

一、右旅籠屋並茶屋等宿々にて、二階造り座敷之令ハ、今度不残《のこらず》取払可申候

「覚」にみられるように街道筋の旅籠屋で設置できる売春婦は二名と限られることになったのである。なお、江戸より遠方にある旅籠屋もこれに準ずること、二階建ての座敷は取り払うようにとの触《ふれ》である。この「覚」の文言に「古来の通り」とあるが、古来とはいつのことを言っているのだろうか。

延宝六年（一六七八）の触には、街道筋の茶屋の女、煮売《にうり》女、あるいは給仕女が、客のニーズに応じて売春行為をしていたのを取り締まった条文があるが、このことを示してい

るものと考えられる。つまり、街道筋の茶屋で働く給仕女による過剰なサービスが行われたことに対する制限規定であろう。また「覚」に「江戸拾里《じゆうり》四方」とあるが、江戸を起点として十里四方とは、どの辺までを言うのだろうか。

主要幹線五街道《ごかいどう》の道法《みちのり》から想定してみると東海道では戸塚《とつか》宿までが十里半、中山道では上尾《あげお》宿までが九里余、日光道中では松戸《まつど》宿までの十里余、甲州《こうしゆう》道中では日野《ひの》宿の九里余のところだろうか。しかし、享保三年の「覚」も、結局、宿の財政救済にかかわる事情があるだけに、旅籠屋はそれをいいことに、だれ憚《はばか》ることなく公然と規則違反をしていたのである。

幕府の対応

宿財政助成策の手段であるからといって、法令が遵守《じゆんしゆ》されないことは、幕府の政治理念に反する。寛保二年（一七四二）に、品川宿ではこんな不祥事が発生している。その不祥事とは「飯盛女過人数召抱え」事件である（『品川町史』）。この事件に連座したのは旅籠屋の「吉野屋」ほか二一七人。同業の旅籠屋経営者で、これらの経営者は二人という制限を守らず、規定以上の売春婦を抱え、旅客にサービスさせた罪科で捕えられた。

『岡場所遊女考』には、「このともがら、我が身をかへりみず、日々奢《おごり》増長せしと。然《しか》るに当五月十四日の夜、伊奈氏より与力《よりき》・同心《どうしん》打入て、ひし〳〵と捕へければ二百十七人、明る十五日の朝、検非違使《けびいし》の方へ渡しける」と記されている。

　幕府は右のような法令違反、不祥事を徹底して取締るが、品川三宿の名主三人、店頭《たながしら》三人の代表らは、明和元年（一七六四）八月、道中奉行安藤弾正《だんじょう》宛、旅籠屋衰微の実情を綿々と認《したた》め訴えた。「乍恐以書付奉申上候《おそれながらかきつけをもってもうしあげたてまつりそうろう》」に始まる「歎願書」には、幕府のあまりにも厳しい取締りのため、旅籠屋は人手不足となり旅籠屋営業が立ち行かず大変困惑していると述べている。「歎願書」を要約すると以下のようである。

　三宿は他宿と異なり御鷹御場所で、御用宿として平常公儀の御役を果している。また、御勅使の御通行時の御宿でもあり、公的な繁多の宿として、御往来に支障のないように御休泊も賄っている。このように多忙な宿であるにもかかわらず、給仕女である飯盛女の人数制限というあまりにも厳しい取締りの強化は、公用旅客者への給仕、サービスができなくなり、潰《つぶ》れる旅籠屋もある。

　かつては、一八〇軒余の旅籠屋が営業をしていたが、近年は人手不足により生業として成りたたず、八〇軒余に減少したため、危機感は募るばかり。何とか労働不足を解消しようと、近所の百姓や商人の娘、挙句の果てには自分の女房までを臨時に奉公人として雇入れ、休泊御用や遊客の接待に駆り出す仕末……。

と、現状における旅籠屋経営の危機を述べている。一方、品川三宿のこのような厳しい取締り強化策について他宿はまったく理解しようとはせず、〝対岸の火事〟のような認識しかなく、一向に人数制限など遵守することなく営業はつづけられていたのである。

飯盛女の人数制限は宿場の衰微のもとにもなると、再三にわたり旅籠屋のリーダーたちは、道中奉行所に二人制限の規制緩和を要求した。幕府のこうした厳しい人数制限の結果、宿場は明地・明屋敷《あきやしき》が目立ちはじめ宿はさびれる一方であった。治安も悪くなり盗賊の類が横行し、宿は衰退しつつあった。これらの状況を目の当《ま》たりにした道中奉行所では、宿の救済・繁栄の手だてを講ずることになり、安藤弾正・池田筑後守《ちくごのかみ》以下、御組頭江坂孫三郎、御吟味《ぎんみ》役野村彦右衛門、その他伊奈半左衛門ほか御用人らの名をもって、三宿の代表宿役人を呼び寄せ、あらためて「食盛下女増員許可」を申しわたした。飯盛女の人数増員許可は、幕府にとって不本意ではあったが、これも宿財政の破綻《はたん》を目の前にしてはどうにもならず苦渋《くじゅう》の選択であった。この許可は品川宿にとっては大変な出来ごとであった。三宿の名主、店頭、旅籠屋惣代らは、人数の制限緩和が許可されたことで、同年八月八日、道中奉行所に「請書」を提出、これによって旅籠屋は「甦生《そせい》」することができ、「御礼」

を述べている。

「格別の思召《おぼしめし》を以《もつて》、壱軒ニ何人と限らず、三宿にて都合五百人迄は召抱《めしかかえ》」えることができたこととの「御厚恩」は「末々迄忘却不致《すえずえまでわすれはいたしません》」と述べ、八月七日を「弾正日待」と決定、毎年この日は、弾正他の「御像」「御姓名」を懸け、神酒《みき》を供え赤飯《せきはん》を炊き、祝った。この行事は明治時代まで続いたという。品川宿だけ、飯盛女五〇〇人を許可したことについて、周辺の宿の反応はどうだったのだろうか。

図18　旅籠でサービスする女性たち（春斎英笑「花のみやこ路」部分『浮世絵が語る小田原』夢工房）

小田原宿に飯盛女が設置されたのは他宿よりずっと遅く、文化年間（一八〇四〜一八）になってからのことである。小田原宿は東海道の宿駅の中でも、交通の要衝《ようしょう》地として重要な位置を占め、繁忙をきわめた宿駅であった。ところが、宿財政は、年々赤字が累積し、宿駅維持のためには、累積赤字対策の必要に迫られていた。

前述した通り、宿財政の逼迫《ひっぱく》状況は安政六年（一八五九）の『宿勘定帳』にもあるように、この年の宿収入の総額は、金一九一七両余であるのに対し、支出合計は、金二一三一両余である。

　収入源といえば、拝借金・貸付金利金・外国人通行御手当金の預け金利子、宿助成金貸付金利息などの元金を貸付けた利金や、幕府からの拝借金や下げ金等々で宿独自の経営による利潤などは、まずないといっていいだろう。この年の収入源の中で飯盛女助成刎銭《はねせん》という項目がある。一四〇両という金額だが、この飯盛女刎銭は、宿の収入源の一つとして大きな役割を果しているのではなかろうか。収入総額からみれば、七%にすぎないが、「刎銭」として計上していることに注目したい。

　支出は、上納金・拝借金の年賦返済、借用金の利子、御雇馬代金、江戸出府などの入用金、宿役人、宿人足の給金、助郷《すけごう》賄用金、宿行政諸雑費、宿助郷馬代金など、ほぼ人件費、人馬継立諸雑費、利息返金などに支出している。この年は、約三〇〇両近い赤字となっているが、年々累積する赤字を宿はどのように埋めているのだろうか。

　一例として、小田原宿内の本町という地域の仕法をみてみたい。この町は、小田原宿一九町あるなかで、「本《もと》」の「町」といわれ、城下の中心に位置する町で、本陣・脇本陣・旅籠屋・商家などが、軒を連ね、たいそうにぎわっていた。ところが、天保十四年（一八四三）の宿調査では、家持層が四一軒・店借《たながり》層が三軒と、圧倒的に家屋敷をもつ層が多く、伝馬《てんま》役や町役を負担していたのに六年後の安政六年（一八五九）には、家持層が分解し、戸数四二軒のうち、家持層は二九軒と大幅に減じ、明屋敷、明地も点在し、店借層は一一軒と増え、町全体が、苦境にたたされていた（『相模風土記』）。この現象は、家屋敷持層の役負担が酷であることを如実に示すもので、本町の例は前述した通りである。このような仕法は、本町に限らず宿全体の町でも実施したが、思惑《おもわく》通りには行かず、累積赤字の打開までには行かなかった。

宿の困窮と飯盛女

そこで、浮上したのが飯盛女の設置である。宿の活性化をはかるには、多くの旅行者を誘致し、逗留させることにあると町のリーダーたちは考えた。

そして、紆余曲折《うよきよくせつ》があったが、享和二年（一八〇二）、本町の名主永左衛門、組頭平蔵らは、町の窮状を訴える歎願書を藩に提出したのである。

私たち町内は年々、困窮となり、もはや立ち行く術《すべ》もなく大変困難な状況となってきました。近年は、参勤交代《さんきんこうたい》の行列も減り、御退府が多く、人びとの往来も少なく、一ヵ月のうち二〇日余りも宿泊客のないという旅籠屋もあり、これでは日々の生活にも影響を及ぼし、困窮している。生活に必要な物資さえ貯えることもできず、しのぐ日々であります。その上、七月ごろより物価が高騰し、米価にいたっては、急激な高値となり、生活もおぼつかない日々となりました。六月の暴風雨では家屋を破損した者も多く、修復に、みな難儀しています。妻子を離散させている者もあり、危機的状況です。町内の日掛金《ひがけ》でさえ滞りがちです。廃業寸前の旅籠屋もあり、馬持ちは馬の飼料にもこと欠き、これでは大きな御公儀御役を勤めることさえ、むずかしくなってきました。何卒、町が一刻も早く立ち直れますように御救済をお願いし、救済の仕法で「御役」を果したいと存じます。何分ご推察の程、成し下されば有難く存じ上げます。

享和二年 壬戌《みずのえいぬ》年八月

本町　組頭　平　助
〃　　平　蔵
名主　永左衛門

ここには、一行も飯盛女設置については書かれていない。しかし、旅籠屋の窮状、定例の参勤交代の大名の宿泊が一定していないこと、一般の旅客の減少などを綿々と訴えることで、暗に立ち行く術を宿が願っていたのである。

領主役所は、提出された嘆願書を検討、四ヵ月後の十二月になって解答した。それによると「無利息で、三〇〇両を貸し下げることにする」「無尽《むじん》の特許を許す」ということであった。「伝馬役が勤仕できないのは、捨ておきがたいことゆえ、以上のみ許可する」。ただし、「飯盛女設置許可の申請のような含みがあるが、これだけは許可することはできない。以前（明和元年）にも、設置許可申請を提出されたが、却下したはずである。又候《またぞろ》、去冬に相願申すの段、役人どもの取りはからいがあまいのである。不埒のことだ」と、厳しく叱責《しっせき》された。本町の名主はじめ町人たちは、この解答に不満ではあるが、「小前一統、御恩沢を忘却せず」と、せめて無利息で借金できたのだから、時期を待つよりほかに手立てはなかった。しかし、公用の無賃通行による町の支出や、旅籠屋の窮状は解消されることはなかったのである。

飯盛女設置の許可と戒め

しかしながら文化三年（一八〇六）、小田原宿の町年寄《まちどしより》・問屋・人足肝煎《きもいり》らは、宿財政赤字をこのまま放置できず、飯盛女設置許可の請願書を提出することになった。その結果、同年、五ヵ年間の期限付きで設置が許可されたのである。「期限付き」というのは、期限が切れる五年目に飯盛女の設置について「追年許可願」を提出し、「再許可」を待つことであった。ただし、公儀役である人馬継立《つぎたて》役に差支えがあるようならば、ただちに取り消す。「追年許可願」は五年ごとに提出する。つまり、更新のことである。そして、宿内にこのことを「精々申し聞かす可《べ》く」ように心掛けることを誓詞せよということである。万一、違背《いはい》したら「御咎《おとが》め」という厳しい示達であった。それと同時に藩領下の村には「遊興御法度《ごはっと》」の触を通達、違反者は「村役人・五人組ともども、すべて御咎《おとが》め」というきびしい取締りを断行した。

「遊興御法度」の触に書かれた制約は次のようなことであった。

①旅人のほかに、領内の者が、宿の旅籠屋には宿泊してはならない。

②湯屋・煮売茶屋など、また、そのほかの場所での遊興を禁じる。

③旅籠屋の飯盛女は、人数制限を遵守する。

もし、「御法度」を無視し、違反するようなことがあれば、村役人・五人組・小前代表はじめ、末々まで「厳科に処す」とあり、「心得ちがい」した当人だけでなく、連帯責任の徹底をはかっている。つまり、村落共同体を支えるリーダーでもある村や町の責任者たちへのきびしい規制を強行しているのである。村役人たちは助郷肝煎《きもいり》ともども、十分に談合して、助郷民に徹底理解してもらうと述べている。

それは飯盛女を買う人びとへの戒めであったとはいうものの、飯盛女設置許可の意図は、旅行者の逗留により宿内を繁栄させることが目的で、飯盛女を設置し、旅行者へサービスをすることで、消費、経済の促進をはかる意図が権力者側にはあったのである。ところが、宿内で遊興する人びとのなかには、旅人以外に、助郷に出役する農民が、買春の趨勢を占めていたからで、このことが宿内の風儀が乱れることにつながるという見解を示したということなのである。このような事実は、小田原宿ばかりでなく、他宿でも見られる現象で、厳しい規制をしている。例えば中山道熊谷《くまがや》宿。この宿では、宿駅側が、宿救済の手段として飯盛女の設置は不可欠であるという理由から、安永年間に設置申請をしたが、その結果、宿内での若者たちの退廃、社会秩序が乱れたということで厳しい規制を行なった。その後、天保三年（一八三二）に至り宿を繁栄させようと、ふたたび設置許可申請が一部の宿役人と藩庁の役人の間で内々で相談され、設置許可の方向になっていた。

ところが、このような状況を洩聞《えいぶん》した助郷村では、飯盛女設置反対を唱えた。反対の理由は、安永年間の飯盛女設置によって、宿や村落の社会の風俗が乱れたことへの反省からという論理だったのである。

「周辺の村の若者たちが、旅籠屋に宿泊し、無駄な金銭を浪費し、博奕《ばくち》に興じて金品《きんぴん》を使い果す。親から勘当を受け、なかには窃盗・強盗にまでなりさがり、あげくの果ては殺人など凶悪な事件も多発している。これでは、大事な公儀《こうぎ》の御役（助郷夫役《ぶやく》）は、到底勤めることは難しい。この苦々しい体験・辛酸《しんさん》をなめているのにもかかわらず、宿繁栄の名のもとに、ふたたび飯盛女を設置してはならない」と、あたかも宿が遊里化していく現象を飯盛女の存在に要因があったかのように意味づけているのである。

結局、反対派のイニシアチブをとったのは、助郷村の村役人たちで、結集した助郷村は二〇〇ヵ村余にも及び、飯盛女設置反対示威《じい》運動は成功し、設置許可申請は却下された。宿における飯盛女設置は、宿によっては、設置反対、たとえ設置したとしても厳しい規制のもとでの許可というのが趨勢であった。そして、そのなかでもとくに「旅籠屋一軒につき二人」という享保三年の原則を徹底させることを強調した。では、各街道の宿場では、どのように対応したのだろうか。

各宿場の対応と粛正

文政九年（一八二六）の日光道中大沢町では、旅籠屋行事所左衛門ほか年寄・問屋《といや》・名主たち連名で、「飯盛女取締」の請書を、代官所に提出しているが、それによると、「一軒につき二人というのは大変苦しいが、徹底して遵守します。二人以上を置いている旅籠屋があれば、見つけ次第、道中御奉行所にお知らせし、召捕り差出します。これは宿役人・旅籠屋一同ともども申合いました。なお、飯盛女の名前は、銘々人別帳に記載し紛《まぎらわし》敷きことのないようにいたします」。

この請書には、粕壁《かすかべ》宿の旅籠屋行事も連名している。

東海道の川崎宿・神奈川宿・保土ヶ谷宿・戸塚宿・藤沢宿でも、文政二年（一八一九）に関東取締出役堀江与四郎宛に、「五宿申しあわせ事項」として、一三項目にわたる規制をした。

一、旅籠屋で抱える飯盛女は旅籠屋一軒につき二名とする。

二、飯盛女の着用する服装は木綿以外は禁止する。

三、櫛は、木櫛・真鍮《しんちゅう》に限る。べっ甲《こう》・銀具類は御法度の品であるから、決して使用しないこと。

四、酒食の器は、高価な品は用いない。

五、飯盛女に旅人の前では、華美な服装をさせない。

六、往来の旅人を引き留めない。多額の金銭の要求はしない。

七、宿内の者、助郷人足、近在の者の宿泊は禁止する。

八、旅籠屋本来の仕事を徹底する。

九、陰見世《かげみせ》と称し、女を店頭に並べない。

一〇、正月、五節句、土地の祭礼に、飯盛女の名前を貼付《ちょうふ》させない。

一一、江の島ほか社寺参詣の旅人を誘引しない。
一二、火の用心を徹底させる。
一三、見番《けんばん》と唱え、芸者風の者を置かない。
大変厳しい内容である。小田原宿では「音曲《おんぎょく》停止」という触「三味線《しゃみせん》・たいこ・笛などは、いっさい用いず」も出て、旅籠屋組合が抗議したという例もある（石井富之助『天保改革と小田原藩』）。

このような厳しい規制は旅籠屋組合の「仲間規定」として、最低限守るべき「心得」を示したものだが「自主規制」は、単に空論にすぎず、旅籠屋の経営が成りたたないとあえて違反する旅籠屋も現出した。しかし、宿によっては、違反した旅籠屋の経営者が処罰された例もあり、日光例幣使街道《れいへいしかいどう》の木崎《きざき》宿では「行政上之禁」を犯した罪で嶋村屋仙蔵以下一九軒の旅籠屋が処罰されている（拙著『宿場と飯盛女』）。お仕置として「過料銭」「手鎖《てぐさり》」「叱《しかり》」のいずれかの刑を言い渡され、飯盛女は身寄りの者に引き渡されている。しかし、あまりに厳酷にすると、旅籠屋の営業が成り立たず、宿財政維持に影響を及ぼすことになるので、違反者を「黙認」するという現象もままあった。厳しい規制や統制、取締られても、それでもなおかつ、宿リーダー、旅籠屋経営者たちは、宿経済の活性化という名分のもとに、安易に女性の性労働に依存し、「宿の成立《なりたち》」をはかろうとする宿経営者の利益追求のためには手段を選ばないという身勝手な行動が指摘できるのである。

飯盛女設置に反対する人びと

一方、飯盛女設置反対を提唱する人びとは、主として村落共同体を形成する名主クラスの農民であった。名主たちがなぜ飯盛女設置反対をしたのか。設置反対を提唱する名主たちの真意とはなんだったのだろうか。まず、彼らの意識のなかには村落共同体に対する危機意識があったものと考えられる。少なくとも、彼らは、幕藩体制官僚組織の末端に位置する人びとであり、幕藩制イデオロギーを支えていく要《かなめ》ともなるリーダーである。村落共同体を維持していくためには、農民が怠惰になることは、もっとも恐れる現象で労働の忌避《きひ》が生産力に大きく影響を及ぼすことを危惧したのである。このような名主たちの飯盛女設置反対示威《じい》行動、言説は、近世村落共同体を支える立場にある名主層の自己保全以外のなにものでもなかったといっても過言ではないだろう。

飯盛女の生活と請状

木崎節《きざきぶし》
民謡に唄われた飯盛女

木崎宿

木崎街道の三方の辻に
お立ちなされし色地蔵さまは
男通ればにっこり笑う
女通れば石とって投げる
これが木崎の色地蔵さまよ
（国は）越後蒲原《かんばら》ドス蒲原で

雨が三年日照りが四年
出入り七年困窮となりて
新発田《しばた》様へは御上納が出来ぬ
田地売ろかや子供を売ろか
田地は小作で手がつけられぬ
姉はジャンカ（不器量）で金にはならぬ
妹売ろとの御相談きまる
妾《わた》しゃ上州へ行ってくるほどに
さらばさらばよお父さんさらば
さらばさらばお母さんさらば
新潟女衒《ぜげん》にお手々をひかれ
三国峠のあの山の中
雨はしょぼしょぼ雉《きじ》るん鳥や啼《な》くし
やっと着いたが木崎の宿よ
木崎宿にてその名も高き

青木女郎屋というその家で
五年五ヵ月五百二十五両
永の年季を一枚紙に
封じられたはくやしはないか
（以下略）

（『新田町誌』第三巻）

これは、木崎節といわれる民謡だが、飯盛女を歌詞にしたこの種の民謡は、かなり多い。この民謡をいま節をつけて堂々と歌えるだろうか。新潟の寒村《かんそん》から、女衒《ぜげん》に連れられて三国峠を越え、木崎宿の旅籠屋青木屋に抱えられ、五年五ヵ月の永年季《ながねんき》で契約した飯盛女のようすが歌詞になっている。〃一枚紙に封じられた〃とあるが、この一枚の紙というのが「請状《うけじょう》」で、飯盛女の身分証明書であると同時に売主と買主によって取り交わされた金銭貸借証である。この一枚の紙（請状）を取り交わすことで飯盛女は自由を奪われ、旅籠屋に抱えられて身を売らねばならないのである。

では、請状には、どんなことが書かれているのか。つぎに請状に書かれる項目を具体的にみていこう。

請　状

請状は、飯盛女の身上書であり、身元保証書というべき性格のものであるだけに、内容も微《び》に入り細《さい》に入り記載される。請状には、飯盛女個人の実態がすべて凝縮されているだけに、項目も具体的である。

請状には一つの雛形《ひながた》があり、かならずしも雛形通りに書くということではないが、項目によっては落してはならない項目は次のような項目である。

①本人の名前　②生国（出身地）③人主（実親あるいは養親）④年齢　⑤年季《ねんき》（奉公期間）⑥給金　⑦奉公理由　⑧契約条件　⑨宗旨《しゅうし》　⑩その他（死去・病気・事故・住替・身請・逃亡・欠落など）

文言の表現も、ほぼ形式は一定している。末尾には人主・請人（口入人《くちいれにん》）、本人の署名、奉公先の旅籠屋経営者宛、日付で終る。

請状の書式で、まず最初に書かれるのが表題である。表題の形式で、もっとも、一般的なものは「奉公人請状之事」「一札之事」「請状之事」「規定年季請状之事」などである。寛永二十年（一六四三）の請状には「質物《しちもつ》指置申女之事」と明記されているものもあり、これは一見して飯盛女を「質物」として扱っていることが明らかである。管見では、後期になると、「質物」という文言は、あまりみあたらず「奉公人請状」と表現が変化してくる。つづいて名前が冒頭に書かれ、それも「誰々女房」「誰々娘」と、扶養《ふよう》している親権者に付随して当事者本人の名前が書かれている。ときには「〇〇村百姓〇〇の娘〇〇」というように詳しく記載されることも多い。

飯盛女は、おおよそ何歳ぐらいから奉公に行くのか。これについて筆者は、いくつかの宿場の飯盛女の年齢を調査した。まず、表7をみてみよう。

表7　木崎宿飯盛女年齢表

年齢	人数	年齢	人数
11		21	8
12		22	12
13	1	23	13
14		24	7
15		25	2
16	2	26	5
17		27	2
18	3	28	3
19	14	29	
20	9	30	
		合計	81

※明治初年『新田町誌 第3巻』

これは、日光例幣使《れいへいし》街道に位置する木崎宿の旅籠屋で抱えられた飯盛女の年齢一覧である。八一人中二〇代の前半が、七〇％を占める。これでみると飯盛下女奉公の稼働年齢は一〇代後半から二〇代までである。次に、東海道に位置する神奈川宿についてみてみたい（表8）。

表8　神奈川宿飯盛女年齢表

年齢	人数	年齢	人数
6		16	4
7		17	6
8	1	18	4
9	2	19	3
10	1	20	2
11		21	2
12	1	22	3
13	4	23	1
14	1	24	1
15	6	25	
		合計	42

※元治元年「飯盛下女奉公人書上帳」より作成

ここでは、八歳というまだ年端《としは》も行かない低年齢が注目されるが、これは成長するまで抱主が養育し、後、接客させることである。「請状」や「書上帳」などから、幼児奉公理由を考えると、いくつかあげることができる。

両親が巡礼《じゅんれい》の旅の途中で病に倒れ、路銀《ろぎん》に窮し、旅籠屋に預けるケース、不作のため年貢《ねんぐ》の上納ができず一家離散という諸例である。

東海道神奈川宿では、一〇代後半から二〇代前半が、全体の五〇%余を占める（拙著『宿場と飯盛女』）。これは、当然予想されることではあるが、飯盛女が男性の慰安のために設置されたという事実を象徴している。

年季・奉公と給金

年季とは、奉公期間のことをいう。請状の文言は「当年〇月ゟ来る〇年迄《まで》、丸〇年……」という表現が一般的である。奉公人の年季について、幕府は、長年季は「人身売買」に抵触するということで、元和五年（一六一九）に、長年季は禁止している（『徳川禁令考』）。一〇年以上の長年季は、その後、寛永二年（一六二五）の「定」には「男女抱置年季之事、拾ヶ年過ハ曲事《くせごと》たるべし」と、一〇ヵ年以上の奉公年季は停止している。

幕府は、長年季については、おおむね、一〇年を目安に制禁しているが、飯盛下女奉公の場合はどうなのだろうか。いくつかの事例をあげてみよう。文政五年（一八二二）、牟呂東脇村の百姓紋三郎は、実娘みかを赤坂宿の鍋屋志平に、飯盛下女奉公に出した。

赤坂宿の鍋屋にみかの実親紋三郎が提出した請状には、「年季之義者《ぎは》、当年、極月ゟ来《ごくげつよりきたる》申《さる》極月迄丸拾五年……」とある。つまり、一〇年以上の長い年季である。同じく東海道保土ヶ谷宿でも、寛政八年（一七九六）、文化三年（一八〇六）の「保土ヶ谷宿食売女人別帳」によると、二二名の飯盛女の奉公年季が、一〇年以上が六名もいる（『保土ヶ谷区史』）。これは、全体の二七％余にもなる。中山道追分宿の場合、幼女は、比較的長い年季となっているが、なかには「一時奉公」というのも見うけられる。総体的には平均一〇ヵ年くらいではなかろうか。結局、飯盛下女奉公人は、一般の下男、下女奉公とは、自ら性格を異にするもの、「人身」の「売買」に該当するといっても過言とはいえないだろう（牧英正著『人身売買』岩波新書、一九七一）。次に、請状には、必ず、給金が明記される。

請状には、給金を「身代金」「しち」「給分」などと表現する。給金とは、労働に対する賃金のことで、「給料」のことである。しかし「しち」という表現は、明らかに「質にいれる」ということで「売買」としての観念が明確である。請状の文言に、しばしば「何方《いずかた》へお売りなられても、一言の……苦言は申しません」とあり、まさに、この表現からは飯盛女は「人身売買」の対象でもあったといえよう。つまり「給金」は「前借金」という形態をとるので「借金の型」として雇傭者は飯盛女の労働を位置づけているのである。

ところで、給金は年季と比例しているのだろうか。筆者が作成した表9によって考えてみよう。つぎの表は、東海道神奈川宿における安政五年「飯盛下女奉公人書上帳」を整理したものだが、年齢・給金・年季の相関関係はどのようになっているのだろうか。指標の目安として、恣意《しい》的にいくつかの事例をあげておく。

No.1わかの事例

わかは、当年二四歳、給金は五〇両一分、年季は七ヵ年七ヵ月、一見して大変高額な給金であることが理解される。年平均、六両余である。

No.8きん、当年二四歳、給金は二〇両、年季は一〇年、年平均二両

No.34あさ、当年一四歳、給金八両、年季一八年、年平均一両未満、大変小額である。

No.25かう、当年二三歳、給金一三両、年季二年、年平均六両余と大変な高額な給金といえる。

No.33とく、当年二三歳、給金九両、年季は二年二ヵ月、年平均五両弱

このように、みてくると、年平均に換算すると、年平均が一両にも満たないもの、五両

表９　給金一覧　神奈川宿（安政５年）

番号	名前	年齢	給金	年季	番号	名前	年齢	給金	年季
		歳	両 分	年ヵ月			歳	両 分	年ヵ月
1	わか	24	50.1	7.7	22	かね	17	15.0	5.0
2	つね	23	35.0	10.0	23	さか	24	15.0	9.0
3	たけ	18	30.0	8.0	24	きく	22	14.0	6.4
4	とみ	24	28.0	7.0	25	かう	23	13.0	2.0
5	たけ	23	28.0	9.9	26	くに	24	13.0	4.0
6	まん	20	25.0	6.6	27	とら	23	12.0	5.6
7	その	22	22.0	5.8	28	はな	20	12.0	11.0
8	きん	24	20.0	10.0	29	きみ	28	11.0	4.6
9	かつ	21	19.0	3.6	30	かよ	20	10.0	7.5
10	きく	22	19.0	7.1	31	むめ	18	10.0	11.0
11	なお	22	18.0	4.0	32	はつ	24	9.0	4.6
12	えい	18	18.0	8.0	33	とく	23	9.0	2.2
13	とめ	19	18.0	5.0	34	あさ	14	8.0	18.0
14	まん	22	17.2	7.6	35	さた	24	7.2	15.0
15	よし	21	17.0	10.0	36	まき	20	7.0	12.5
16	みよ	27	17.0	10.0	37	とく	18	6.2	13.0
17	ひさ	21	17.0	11.0	38	りう	16	6.0	15.0
18	とよ	20	16.2	7.0	39	はな	17	6.0	14.0
19	まる	22	16.0	5.6	40	とよ	21	5.0	19.0
20	たか	21	16.0	10.0	41	きた	20	5.0	18.0
21	うた	21	15.0	5.0	42	うた	19	4.2	17.0

※合計42名，安政５年「飯盛女奉公人書上帳」より作成.

以上のもの、さまざまである。

わずかな個別事例であるが、年季と給金とは、相関関係はみられず、無関係のようにも考えられる。ただし、傾向としては、飯盛女は、「商品」ということで、売買の対象として考えると、いかにその「商品」に付加価値がつけられているかによって価格が決定されるということはいえるのではないだろうか。

飯盛女の奉公理由と記載

請状には、必ず奉公理由が書かれる。文言の代表例をあげると、もっとも多いのは、つぎの理由に凝縮される。

①年貢未進《ねんぐみしん》のため、指詰《さしつま》り、其の上、飢命《うえいのち》に及ぶ……。

②当年は、飢年で、私ども飢死同前となり……。

③近年、世の中、大変悪敷《あし》き諸年貢に差し詰り……。

④廻国《かいこく》巡礼の途中、道中永煩《ながわずらい》となり路用詰り……。

文言には、まず、「年貢が納められないこと」「不作の年で、飢死同然となってしまったこと」「長期の病気療養」「廻国巡礼による路銀不足」などが主たる理由で、自然災害により、田畑の荒廃・凶作・飢饉が、飯盛下女に差し出す理由として浮上する。

「奉公」とは『広辞苑』（新村出編、岩波書店）によると、「他家に住みこんで、家事・家業に従事すること」とある。飯盛下女奉公の表現はどうなっているのか、請状より整理すると、管見ではつぎの六種ぐらいに分別できる。

A飯盛下女奉公　B水仕奉公　Cてい女　Dでい女　E出居女　F泥女

Aは、そのものずばりの表現。Bは水を仕《つか》うという意味で水仕事に携わる者ということから、厨房で炊事、洗濯をする下女のことを言う。Cてい女は、Dのでい女に、E出居女に同一で、「店」の前に出る女という意味から、店に並列し、客を招くという意味が濃厚である。また「出居」とは、「平安時代の寝殿《しんでん》造りで、主として寝殿の東北または、西北の渡に設けた部屋」(『広辞苑』)とも、いわれるようで、いずれにせよ客間のこと、現代の応接間に該当する部屋のことを言うようである。Fの泥女は「泥」(でい)と音読みできることで「出居女」をこのように表記したとも解釈できる。つぎに、請状に表出された契約内容について、まとめてみたことを記そう。

請状の契約内容

一通の請状には、かなり多くの雇傭《こよう》に関する契約義務が、具体的に記載されている。とりあえず、筆者が対象とした各街道の宿場《しゅくば》に残存するいくつかの請状の中から項目を挙げて、項目別に整理してみたのが、次の一〇項目になるだろうか。

①盗みについて、②欠落・逃亡について、③病気・病死の処理、④自殺・心中《しんじゅう》の処置および連絡方法、⑤身請《みうけ》の条件、⑥年季明けに関すること、⑦雇傭者の条件にあわない、⑧衣類について、⑨無条件使役について、⑩領主支配者に関する件

この一〇項目中、雇傭者がもっとも重視した項目は、①②③④⑦である。つまり、雇傭

者は買った以上は、大事な「商品」である。使用する立場からは、常に損益を考慮して請状を作成する。以下、順を追って内容を検討してみよう。①と②の項目は、セットとして表現されている場合が多いので両項目の共通点をあげておく。

旅籠屋がもっとも危惧するのが、旅籠屋が抱えた飯盛女が、盗みや、欠《かけ》落《おち》・果ては逃亡することである。これについては、請状に詳細に書く場合が多い。

逃亡を手引きする男

(1)尋出《たずねだ》し盗品を返品する。(2)x日以内に尋出し再び奉公させる。(3)盗品の損害を補償する。(4)逃亡・行方不明の場合、前借金全額返済。(5)逃亡・行方不明の場合、代替の女を提供する。等々だが、さらに日数制限を明文化している請状も少なくない。例えば、三～五日以内、七～一〇日迄《まで》、三〇日以上～無制限（尋ね出すまでだろうと考えるが……）である。欠落・逃亡に関しては「見つかる迄」厳しい探索の目がむけられ詮議《せんぎ》される。これは、請人が負債責任を雇傭に対し最低限に保証せねばならない条件の一つでもあった。

ところで、飯盛女の欠落・逃亡には、必ずといってよいほど、手引きする男がいる。寛政九年（一七九七）に中山道追分宿の旅籠屋で抱えられていた二人の飯盛女を新五郎・忠次郎という二人の男が、年季もあけていない飯盛女二人を手引きし誘い出し、足抜けさせた。男二人と飯盛女二人は、中山道を東へと逃亡した。その後行方不明となったので、誘い出した二人の男の人相書《にんそうがき》が、領内外に流布《るふ》され、碓氷《うすい》関所門前には二人の人相書が貼《ちょう》付《ふ》された。その高札には、二人の人相がつぎのように記されていた。

新五郎・忠次郎人相書

一、新五郎は、当年三五歳ぐらいである。
一、出生地は武州本庄宿。同宿新助の惣領である。
一、中肉・中背で鼻筋が通り、色白で柔和にみえ、髪・月代《さかやき》濃い男である。
一、目は大きい。
一、眉毛は濃い方である。
一、歯並は揃い、もの言いもていねいである。
一、誘い出した際の着衣は、浅黄《あさぎ》嶋木綿の単物《ひとえもの》を着流し、茶嶋の木綿帯をしている。
一、忠次郎は、三〇歳ぐらいにみえる。
一、忠次郎の出生地は新五郎と同宿で新助の二男である。
一、顔は面長である。
一、髪・月代は濃い。

一、目は細い。
一、歯はこまかく揃い、言葉は、はっきりとした男である。
一、眉毛は濃い方である。
一、手引きした際の着衣は、紺嶋木綿の単物の着流し、松葉色の織帯をしている。
誘引した男二人は、兄弟であった。飯盛女と二人との関係は、この高札からは不明だが、この兄弟の人相書は、現代の犯罪捜査に利用されるモンタージュ写真に勝るとも劣らないだろう。

病気・病死・自殺・心中

請状には、奉公の条件として、抱え主がもっとも、恐れる項目が病気・病死・自殺・心中などである。したがって、上記四項目は、具体的に書かれている。飯盛女の生活は「性労働」であるだけに、病気は、梅毒《ばいどく》が圧倒的に多い。梅毒の症状は、「癒《いやしがた》難き病」（『黴瘡口訣《ばいそうくけつ》』）とまでいわれ、近世では、『傾《けい》城《せい》ぐるひ』により中下層庶民の間により広範に広がつた」といわれる（曾根ひろみ『娼婦と近世社会』吉川弘文館、二〇〇三年）。請状には、梅毒のことを「悪敷病《あしきやまい》」と表現する。一方、「請状の文言で、病名が具体的に記されている項目として「てんかう・三ひよう」「ちのけにてみみきこえず」とあり、「てんかう」は「癲癇《てんかん》」の病名で、「三ひよう」とはハンセン病のことのようで、風毒・湿毒・伝染病のことをさす（諸橋轍次編『大漢和辞典』大修館書店）。その他の「血の道」「結核」「心臓病」などの具体的表現がみられる。くわえて身体障害者という不利な条件の場合には、借金は全額前借不可能である。

ところで、不幸にも飯盛女が病死した場合の処置として、どのようにしているのだろうか。それについては、大概、つぎの三項目に分別できよう。

①当地で仕末する。死骸無断取捨て可。
②当地旦那寺《だんなでら》に埋葬する。
③親権者（人主・請人）により死体引取り。

このなかで、もっとも多いのは②である。文言には、
①「相果て候は、早速御取仕舞、無断御取下され可く候」
②「相果て候は、貴殿旦那寺にて、御取埋下されべく候」
とあるが、できれば、死体の処理後、せめて親元に一報してほしい旨、依頼する親権者も少なくない。

死去すると契約は破棄され、年季に関係なく、身代金は全額抱主に返金し、代替の女を差し出すことになる。病死に関しても被雇傭者は債務不履行ということで一言の申し開き

もできないのである。

つぎに、同じ〝死〟でも、自ら命を絶つという自殺・心中の処置と連絡についても、請状には細部にわたり記す。

ぢがいなど、仕《つかまつ》り候は、本金は返済すること。

ぢがいなど仕り候は、本金に五〇〇文増して返金すること。

など、ともあれ、自殺の理由などは関係なく、雇傭者に損失させぬように、約定《やくじょう》を取りかわす。なかには、本人の親権者から自殺の理由を問い糺《ただ》されることもあるが、雇傭者が不利になることは、文言にしない。

身請け

〝身請け〟、飯盛女にとってこの言葉ほど、希望に満ちた言葉はないだろう。奉公先の年季も終わり、借金完済によって、彼女たちは、身請けされることも多い。

請状には、年季明けによる身請けの条件、年季完済前に身請けされる場合の条件と、大まかに二つに分別し、記載している。

文言として、

年季完済前の身請けは、代替の女を提供すること、その場合の条件として本金の五割増の返金をする。話し合いで、残り年季の金子《きんす》返金をする。

この条件が満たされた場合は、年季前の身請けは、むしろ歓迎すべきことであった。年季も終わり、借金返済もでき、身請けされる飯盛女は晴れて新しい人生を、好きな男と歩むことになる。

自由を拘束されていた飯盛女にとって身請けや年季明けは、担保《たんぽ》の解除ということでは彼女たちの人間性の復権でもあったのである。

雇傭者と過酷な条件

飯盛下女奉公は、抱主と人主との話しあいで決定されるので、抱主の意図に適さない者は、契約不成立として、年季途中で一方的に解雇される。解雇の条件は、請状に明記される。「この女気に入らず」「何時《いつ》なりとも返す」「代替の女を提供すること」などである。要するに労働条件は、すべて雇傭者の手中にあり、雇傭者が自由に選択する権利があった。

「おしきせ」という文言が、請状にはみられる。奉公人は、飯盛女でなくても、奉公先から衣類が支給されるのが常道で、請状の文言にも、「仕着セは、御家並」と記され奉公先のしきたりで、主として木綿の着衣が支給されているが、華美な人絹《じんけん》を召した下女もあった。

飯盛下女は前述したように「売買」の対象であり、いわば「商品」であった。請状には「奉公之品」とある。飯盛下女奉公は「労働」の概念からは、程遠い。労働とは何かを生産することを目的とすることで収入を得るものである。飯盛女が、「奉公の品」である以上、雇傭者は「売買」の自由、「取替」の権利を持つことができるのである。

請状の文言には、

何様《なによう》におつかひ成られるとも、いらん（違乱＝苦情をいうこと）は申しません。

この女については、六ケ敷《むずかしき》ことは申しません。

御奉公の品は、昼夜に限らず、お使ひになつてもいらんは申しません。

とある。

請状に、領主の支配替に関する項目が書かれているものもある。そこには、領主の国替、代官の交代などがあっても、飯盛下女奉公にとっては、年季完済までは「異義は申さず」ということで、まったく無関係であることが記されている。

飯盛女の生国と奉公の特徴

東海道神奈川宿。この宿の旅籠屋で働く飯盛女たち。どこで生まれ、育ち、神奈川宿に売られてきたのだろうか。前出の『書上帳』をふたたびめくってみよう。

『書上帳』には、飯盛女の出身地が記され、それによると、四二名のうち、江戸下谷《したや》、深川《ふかがわ》、浅草、芝、本所《ほんじょ》、霊岸島《れいがんじま》などで、その他、武州《ぶしゅう》、藤沢宿、川崎宿、品川宿などで、江戸府内に集中している。大半が店借層《たながり》で占められており、松本四郎氏によれば、これらの地域は「市中極貧之者」の居住地であったという（『日本近世都市論』東京大学出版会、一九八三年）。

周知のように、近世後期の江戸府内は、「諸国の掃溜《はきだめ》」といわれるように人口の流出入も多く、下層民、流浪《るろう》民が滞留し、貧窮層も流動的であった。そしてこの地域がまた飯盛女の出身地でもあった。ちなみに、彼女たちの親、身元引請人（親類縁者など）の階層も、四二名中店借層が二八名、百姓身分が一二名、家主二名で、請人（仲介人）もまた、店借層が三二名、百姓身分九名、家主一名とあり、店借層が群を抜いている。

中山道追分宿の宿場の飯盛女たちの出身地も東海道の神奈川宿と同じように、領内出身者が多い。その他、越後《えちご》国・甲斐《かい》国・三河《みかわ》・上州・越中《えっちゅう》とつづく（岩井伝重『軽井沢三宿と食売女』株式会社櫟、一九八八年）。領内に集中しているということは、領内の宿の飯盛女の供給が多いためで、飯盛下女奉公に出ることが容易であったためといえよう。また、領内における女子の労働市場が、飯盛下女奉公以外には皆無であったともいえよう。越後国が多いのは、北国街道が、信濃と越後を結ぶ唯一の流通路であったことと、厳しい自然条件から来る地域性にもよろう。豪雪《ごうせつ》地帯である高田郡や山間の丘陵地の頸城《くびき》郡や蒲原《かんばら》郡が、飯盛女の出身地であるということは、寒村《かんそん》の女子にとって飯盛下女奉公は「出稼ぎ奉公」の唯一の労働市場であった。

さて、前節では請状を中心に飯盛女の生活を垣間みてきた。

ここでは、飯盛下女奉公と下男奉公の特徴を概略してみたい。この比較もまた請状に依拠してみる。筆者は、各街道の旧宿場に残存する請状を整理していて、下男奉公の請状に出合うことがしばしばある。

この中で、飯盛下女請状の文言と、ほぼ、形態や書かれる内容も、それほどの違いはないが、若干異なる文言を発見する。それは、借金の項目に「身代金」ではなく「切米《きりまい》」などの表現にぶつかることがある。これは、飯盛下女奉公人の請状には、あまりみられない。つまり、飯盛女の場合は、あくまでも「債権者」と「債務者」の商取引によって成立しうるもので「人身を売る商品」の対価なのである。したがって、男奉公人の場合、年季間のみに限って自己の労働力を提供し、それに対し、代価が支払われるという性格が強い。ところが、飯盛下女奉公の場合は、年季明けになっても完済できない場合、担保《たんぽ》解除にはならず返済されるまで、再契約という形態をとり、完済した時に、晴れて自由の身となる。また、条件もかなり違う。男奉公人の方が、制限が希薄である。ただし、男奉公人の場合、雇傭者に生涯隷属し譜代下人として使役《しえき》される場合も見られるが、いずれも成人になってからは少ない。

いずれにせよ、飯盛下女奉公の雇傭条件は、厳しい制限があり拘束されるということが、請状の文言から知れる。このことは、「女性の視座」にたって考えると、近世社会における男女の性差別構造の典型であったといっても、言いすぎではないだろう。

その例証として、幕府は、人身売買や私娼《ししょう》に関して厳しい法令を下知しているのにもかかわらず、宿場には私娼が徘徊し、飯盛旅籠屋では、「飯盛下女」と称して「売買」を強要させている現象を「黙認」しているということは、宿駅繁栄の一つの手段として、飯盛女設置を据えていたのではないだろうか。

宿場を支えた村々

宿場と助郷

宿人馬の不足

参勤交代《さんきんこうたい》や公の旅行者が増加すると、宿場《しゅくば》はしだいに公の継立《つぎたて》で繁忙となった。その結果、宿に常備されている一〇〇人の人足《にんそく》と一〇〇疋《ぴき》の馬では到底賄《まかな》い切れず、旅行者や荷物を次の宿場に輸送するのに大変な労力と時間を必要とした。輸送を円滑にするためには、どうしても人足と馬をどこからか調達し、宿の常備人馬の補塡《ほてん》をしてもらうことが必要であった。一番簡単に調達できるとなれば、宿に近い近隣の村々から提供してもらうことがベターである。そしてその補塡する人馬のことを一般に「助郷《すけごう》」と呼んでいる。ところが、当初は、補塡人馬のことを「助郷」と言わず、「在々《ざいざい》の馬」「助馬《すけうま》」「雇人馬《やといじんば》」などと称し、宿駅《しゅくえき》に近い村々から、任意に馬だけを提供するというシステムをとっていた村が多かった。

ところが、寛永十四年（一六三七）に、幕府は「助馬令」なる触《ふれ》を公布し「助馬」「在々の馬」などといい、宿人馬の補塡を自由に任意に提供していたものを「公儀役《こうぎやく》」として義務づけ宿駅の人馬を補完する役割を命じた。

幕府の出した「助馬令」は七ヵ条から成り、宿人馬の補塡について具体的に記されている。それによると、「助馬」は従来通りに、宿駅に近い周辺の村々から提供するが、「公儀」の御役ということから宿人馬と同じように「石高《こくだか》」に応じて割り当てられることが、はっきりと書かれている。

一、今度《このたび》、助馬に付き候郷村は、町なみ同前に高役をゆるし申す可《べ》く候

二、今度、助馬に付き候郷村は、往還の衆多く通り申し候時は、其の町に馬不足荷物つかへ候とき、助馬に出す可く候

三、其の町に馬これ無く、荷物つかへ候時は、時分をきらはず助馬出し申す可く候

（以下略）

右の文言からも知れるように、町（宿）の馬が不足した場合、必ず近隣から馬の補塡をし、運輸に支障のないようただちに「助馬」の提供を命じている。これによって「助馬」

は正規に「公儀役」として公認され、農民の夫役《ぶやく》として課せられることになった。ふたたび、小田原の宿駅の例をみてみよう。

貞享三年（一六八六）に、小田原藩主であった稲葉正通《まさみち》が越後高田への国替《くにがえ》になった際、後を引き継いだ藩主大久保忠朝《ただとも》に残した大切な記録がある。その記録の中に「助馬」に関する記述があり、それをみると、「小田原宿伝馬一〇〇疋の外に、在々之助馬を五〇疋遣《つかわ》し候村々」と書かれ、末尾に一八ヵ村の村名が記されている。その村々とは、酒匂《さかわ》村、小《こ》八幡《やわた》村、国府津《こうづ》村、前川《まえかわ》村、羽根尾《はねお》村、川匂《かわな》村、中里《なかさと》村、下堀《しもほり》村、高田《たかだ》村、別堀《べつぼり》村、今井《いまい》村、町田《まちだ》村、中島《なかじま》村、板橋《いたばし》村、早川《はやかわ》村、風祭《かざまつり》村、入生田《いりうだ》村、湯本《ゆもと》村で、これらの村々の位置を図19によって確認しておこう。

まず、これら一八ヵ村の村は、いずれも、東海道筋に沿って位置していることに気付かれよう。なお、これらの村々が小田原の宿へはそれほど遠くない距離にあったことも知れるであろう。これらの村々では石高にはまったく関係なく五〇疋の馬を分割し、宿に提供し、宿の常備人馬を助けていたことが「触書」から想定される。しかし、一八ヵ村が確実に五〇疋の馬を提供するとは限らなかったのである。猫の手も借りたいという時期の農繁期にさしかかると、農耕馬を全部提供するわけにはいかず、馬不足となり五〇疋の馬の徴

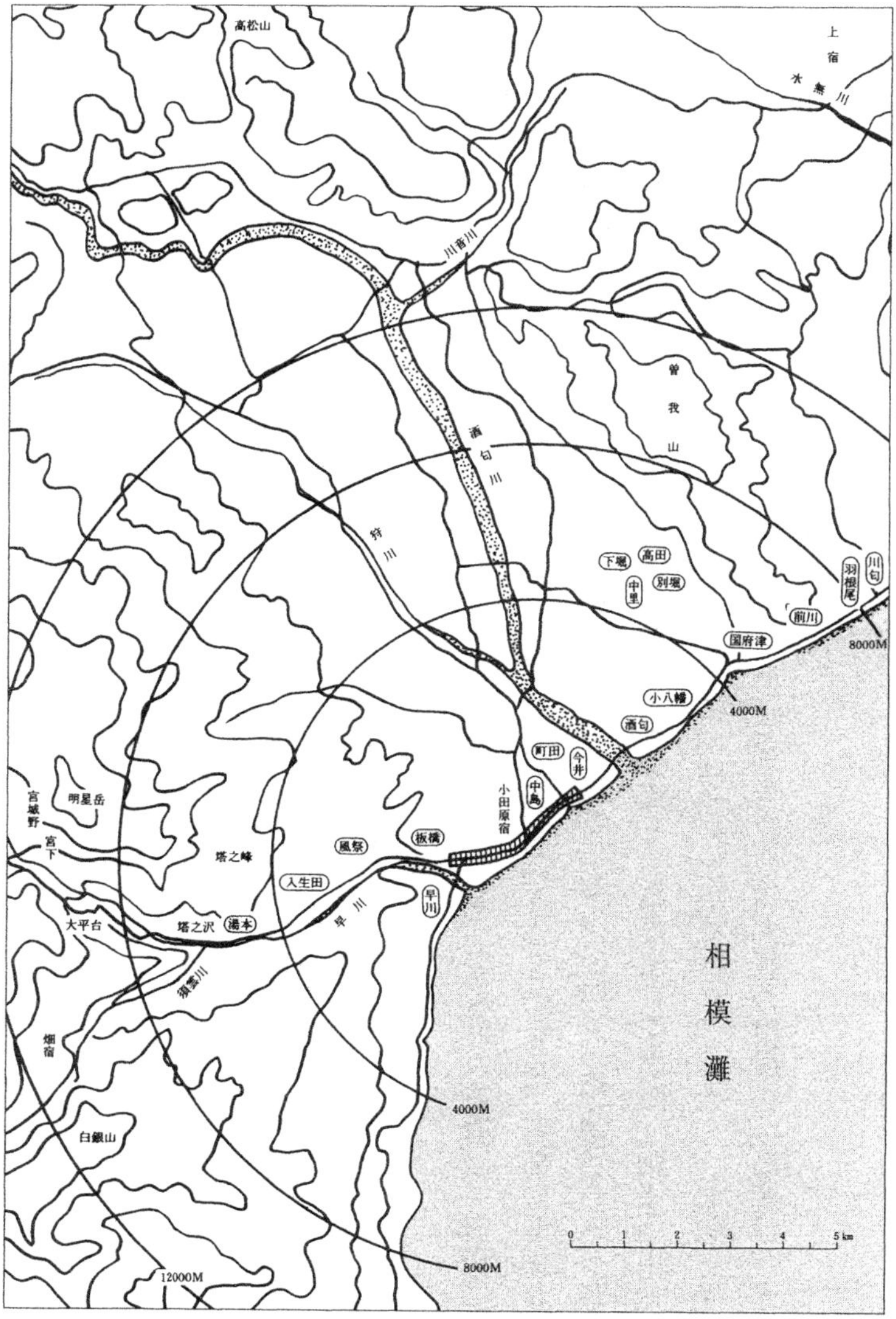
高松山
上宿
水無川
川音川
曽我山
酒匂川
狩川
下堀
高田
中里
別堀
羽根尾
川匂
前川
国府津
8000M
小八幡
4000M
酒匂
町田
今井
中島
小田原宿
宮城野
明星岳
宮下
塔之峰
風祭
板橋
入生田
早川
早川
大平台
塔之沢
湯本
須雲川
相模灘
畑宿
4000M
白銀山
8000M
12000M

図19　助馬提供の村

集には無理があった。なかには、他村より借馬をするということもしばしばおきている。

では、人足の場合はどうだったのだろうか。小田原宿では、「助馬」は宿周辺の村から提供され、「人足」は城下の町からというのが通例であった。なお、「人足」については、領主が直接雇うというシステムで、「助人足」「継人足」「御雇い人足」などと称し、宿の常備人足を含め、大通行の場合のみに限って五三一人もの人足が動員されていたのである。この五三一人の人足の詳しい史料はなく「古来」からの徴発というのみの記載で、不分明な点が多い。この人足の提供についてはあくまでも私的領主の発動権によるものであって、道中奉行直接の徴発《ちょうはつ》という方法ではなかった（『片岡文書』）。

このようにみてくると、「助郷」という名称は用いなくとも、宿人馬の補塡は、宿駅によっては、かなり以前から実施されていたところもあるということになり、石高に関係なく任意に「人足」と「馬」を提供していたことが確認されるのである。深井甚三氏（『幕藩制下陸上交通の研究』吉川弘文館、一九九四年）によると、東海道や美濃路《みのじ》、美濃中山道《なかせんどう》では、宿駅によっては、宿駅制の成立以後すでに「助馬」が徴発されていたし、幕領宿駅や奥州道中、日光道中では、寛文期（一六六一～七三）には宿人馬の補塡を「助郷村」が支え、継立業務を果たしていたといわれる。

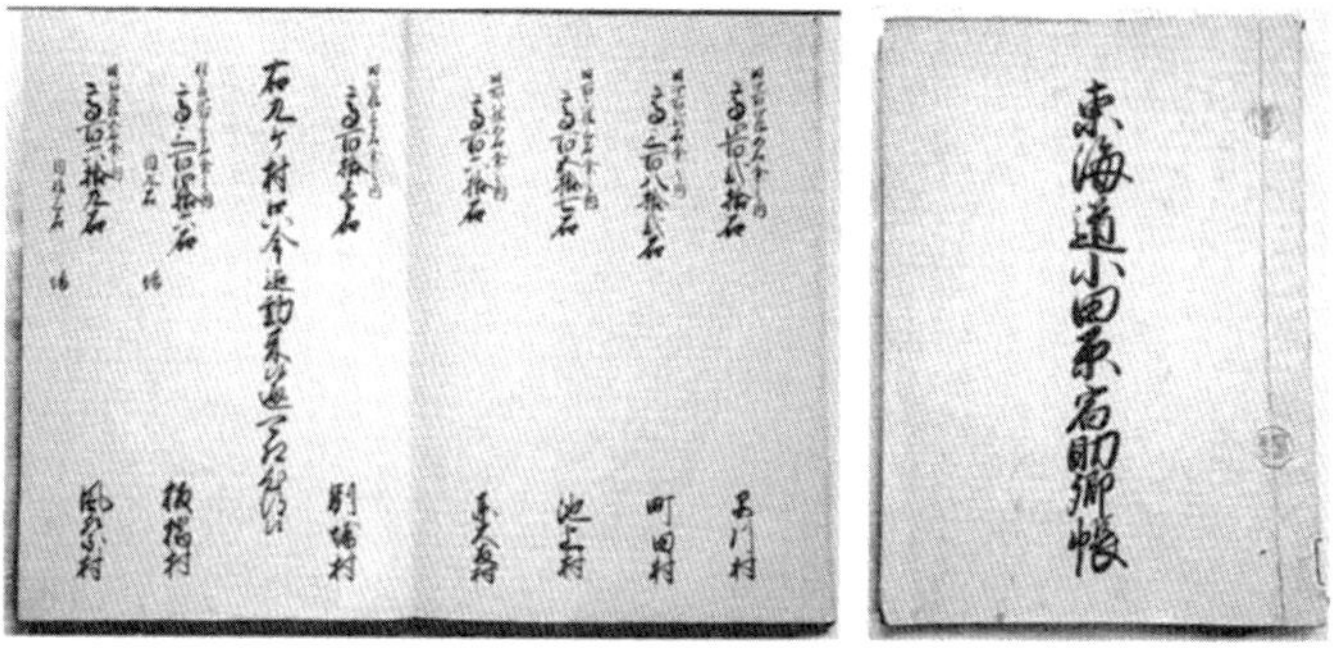

図20　「東海道小田原宿助郷帳」（小田原市立図書館地域資料室提供）

助郷の成立と指定

一般に、助郷の成立は元禄七年（一六九四）というのが通説だが、寛文期には「定助郷《じょうすけごう》」という文言も法令にみられるのである。助郷の成立時期については、学説が大いにわかれるところであるが、いまだ現在に至るまでも確定はしていない。したがって街道の宿駅によっては、交通量の多いか少ないかによって「助郷らしき」人馬が、元禄以前にかなり機能していたということにほかならない。

幹線道路である五街道《ごかいどう》の中でも、東海道は江戸から京都までを結ぶ街道で、太平洋岸沿いに走る幹線である。東海道は主として幕府の役人や、公家、領主など特権階級の人びとが優先的に利用する交通路で「政治街道」と言われた。といって一般庶民の通行を制限したわけではなく、多くの庶民が通行している。それだけに、往還《おうかん》の輸送のための人馬も、他の街道より多く常備されていたわけである。

小田原宿助郷帳

元禄二年（一六八九）、幕府は助郷を制度化するために、その準備として各宿駅の周辺の村々からどのくらいの人馬が徴発され、機能しているのか、実態を調査し、助郷を提供できる村々を指定することになったのである。同年、各宿へ「助郷帳」を下付し、助郷村として指定された村々は、石高に応じて人足と馬を、宿の常備人馬を助成する役割を果たすことになった。助郷を指定された村はこれより公儀の役として義務化されていったのである。

このように、元禄七年（一六九四）には、助郷は制度として確立する。しかし、実際に助郷に指定された村々は、以前に「助馬」として馬を指定していた村や、地域的に宿駅に近い村であるという程度の判断で指定されているため、山間地の村落や、不便きわまりない村々が指定されることもあり、必ずしもスムーズには請け入れられる体制ではなかった。「助郷帳」には助郷の提供を義務づけられた村の一覧と助郷石高が並列して記載され、宿駅周辺の村々の助郷人馬の提供が決定的となった。人馬の数は、助郷高一〇〇石につき、二人二疋の人馬が割当てられるというシステムをとった。例えば、享保十九年（一七三四）の『東海道小田原宿助郷帳』をみると、

村名	助郷石高
風祭《かざまつり》村	高百五拾六石
久野《くの》村	〃千四百三拾三石
石橋《いしばし》村	〃　三拾四石
米神《こめかみ》村	〃　二拾八石
鴨宮《かものみや》村	〃七百六拾五石

（以下略）

と書かれている。これは、風祭村は一五六石だから、人馬二人二疋の割当で算出すれば人足三人と馬三疋となる。久野村の場合は人足二八人余、馬二八疋余である。では米神村はどうなるのか。人馬一人一疋にも満たないのである。このような場合は貨幣で、代納するという方法が採用されている。

「助郷帳」には、助郷の提供を義務づけられた村名と、助郷高が記載され、末尾には必ず次の文言が記されている。

自今以後、急《きつ》度《と》可相守《あいまもるべし》、若《もし》人《じん》馬《ば》触《ふれ》仕《つかまつり》候節《そうろうせつ（は）》、助郷ヨリ於不参《まいらずにおいて》者《は》、曲事《くせごと》等《など》可申《もうしつけ》付者也《べきものなり》。

要約すると、この「助郷帳」に記入されている村々は、人馬徴発の触れがあったら必ず助郷を提供すること、若《も》し、出さないようなことがあれば厳しく罰する。

このように「助郷」は、交通の夫役《ぶやく》として農民に課せられた重要な「役」となった。では、東海道五三宿の助郷高はどのくらいであったのだろうか。『道中方覚書』によってみてみよう。

この一覧（表10）をみる限りにおいては、総体的に助郷高は高いようである。江尻《えじり》宿・丸子《まるこ》宿・新居《あらい》宿・白須賀《しらすか》宿・舞坂《まいさか》宿は一万石以下だが、軒並《のきなみ》一万石を越えている。ただし、助郷高の算出は宿によって異なるので、即断はできない。助郷が除外されている二宿のうち箱根宿は、小田原宿と三島宿の継通し中継点としての性格をもつ宿駅のため、助郷役は小田原宿と三島宿が負担していたのである。

小田原宿の助郷

ここでは、小田原宿の助郷の例を挙げることにする。

元禄七年（一六九四）二月、小田原宿に課せられた助郷高は、次の通りであった。

助郷総高　三万弐千九百八拾石
助郷村　七拾九ヶ村

これだけの村が人馬役を負担するのである。天下の公役である助郷に指定された村は、いやが応でも人馬を出さないわけにはいかない農民に課せられた義務であった。道中奉行所の役人は、各村々を検分をしては義務を果たすよう村役人に通達、厳重に忠告している。当初、助郷は定助郷、大助郷とに区別され、小田原宿では、定助郷村が一六ヵ村、定助郷高が六七三一石、大助郷村が六三ヵ村、大助郷高二万六二四九石となっていた。では定

表10　東海道宿駅助郷高一覧

宿駅名	助郷高	宿駅名	助郷高
品川宿	17,666	見附宿	21,484
川崎宿	17,399	浜松宿	20,764
神奈川宿	11,139	舞坂宿	7,515
保土ヶ谷宿	10,727	新居宿	5,705
戸塚宿	12,487	白須賀宿	5,857
藤沢宿	14,240	二川宿	13,692
平塚宿	12,301	吉田宿	14,784
大磯宿	11,056	御油宿	13,848
小田原宿	29,626	赤坂宿	14,634
箱根宿		藤川宿	13,506
三島宿	30,242	岡崎宿	14,296
沼津宿	12,961	池鯉鮒宿	14,246
原宿	12,868	鳴海宿	15,054
吉原宿	14,035	熱田宿	15,505
蒲原宿	12,626	桑名宿	16,198
由比宿		四日市宿	17,198
興津宿	11,812	石薬師宿	10,383
江尻宿	8,977	庄野宿	10,555
府中宿	11,840	亀山宿	10,601
丸子宿	9,198	関宿	10,917
岡部宿	11,234	坂下宿	16,685
藤枝宿	16,772	土山宿	18,216
島田宿	17,995	水口宿	15,121
金谷宿	12,212	石部宿	14,859
日坂宿	12,968	草津宿	17,915
掛川宿	16,771	大津宿	15,362
袋井宿	14,905		

※助郷高は石を表す，『道中方覚書』より作成.

助郷と大助郷の区別はどこでどのような方法でなされたのだろうか。また、助郷の割当はなにを基準として行われたのだろうか。

一般に定助郷に指定された村は、宿の近隣の村々で街道筋に位置している村が多い。大助郷は、領内の村落と比較的宿に近い他領の村落である傾向がある。両者の区分設定は何を基準としたかははっきりしないが、地理的条件をかなり意識した方法をとったと考えられる。しかし、役負担については、差はなく一体化して徴発されている。したがって「定助大助無区別」という点では、地理的条件の有利な定助郷村の農民の負担は軽いという実感があり、大助郷村は重いという感覚で、負担の不均衡からくる重みに耐えかねて「定助大助」の役負担の配分の吟味を願い出ている諸例が多々ある。

農民の難儀

助郷の区分や石高の指定は、宿駅の人馬を補充し継立をスムーズにするために設けられた制度ではあるが、恣意《しい》的に区分けされたことで農民にとっては、決して満足できるものではなかった。道中奉行は、負担の平均化をはかるため、各助郷村の再調査をすることになったが、その結果大助郷を廃止して定助郷に組みこみ、役負担の一円化、平等化をはかった。ところが、大助郷の中には、軽減どころか逆に負担が苛酷となった村々が増加し、次のような願書を提出している。「小田原宿の大助郷に指定はされたものの上りは箱根の大難所を抜け、三島宿（静岡県）迄の道法《みちのり》八里を附通さねばならない。下りは、大磯宿（神奈川県）までの四里、その間に酒匂川の大川があり、往返ともに道法は遠く難儀である」。

この訴えは、小田原の宿場より、三〜四里も遠方に位置する村落からの訴えである。これらの村々は、享保年中、早々に助郷免除を願い出たり、代わりの助郷を指定したりしている。遠方の村々にとって助郷役負担の均一化は深刻な問題だったのである。

ところで、助郷の出役はどういうわけか農繁期にさしかかることが多い。『五街道通行之大名衆頭書』（文政五年）によれば、東海道を通行した大名は、四〜六月が圧倒的に多い。それだけに、この時期、宿常備人馬のみでの継立では、人馬が不足し、助郷農民に負担が重くのしかかる。『地方凡例録《はんれい》』には、農民の助郷役負担についてつぎのように記されている。

一、近年次第《キンネンシダイ》に助郷人馬多く当り、村々困窮《コンキユウ》し、宿場の勤めハ一日なれども二里三里もある遠き場処ハ、前日の昼よりも村方を出て其夜宿へ着き、翌日勤め夕方迄にも役を仕廻《シマ》へバ夜通しにも帰れども、継場《ツギバ》遠き宿にて夕七半時頃《ツ》より継送り《ツギオク》、夜に入て宿場へ帰れバ、其夜ハ村方へ帰り難く、又止宿《シシユク》し一日の勤に前後三日の日を潰し、農業に後れ剰《アマッサ》へ二夜泊りの食物の入費《ニユウヒ》多く、其上終日折返し等に遣ハる、ゆへ、途中にても食事を致し小遣銭《コヅカイセン》も掛り、其日取りたる人馬賃銭《ニンバチンセン》ハ少しも残らず、却《カエツ》て足銭《タシゼニ》入り村々の痛ミ大方ならず、殊更《コトサラ》二里余もある村方ハ正人馬を出しては右の費《ツイエ》あるに由て、三日も農業に後《オク》るゆへ、（以下略）

また、島崎藤村の『夜明け前』では、次のように述べている。

いかんせん、百姓としては、御通行の多い季節がちょうど農業のいそがしい頃にあたる。彼らは従順で、よく忍耐した。中にはそれでも困窮のあまり、山抜け、谷崩れ、出水なぞの口実にかこつけて、助郷不参の手段を執るような村々をさえ生じてきた。

苛酷な助郷役の負担が、この一節からも理解できよう。では、助郷の役負担がどのくらい農民に影響を及ぼしたのか具体的にみていこう。ふたたび、一地域に目をむけて述べることにする。

富士山噴火と助郷村

富士山の大噴火

宝永四年（一七〇七）十一月二十三日のことである。突如として相模《さがみ》国小田原領内に地ひびきと共に焼砂が空を黒く染め、灰が村々の田畑を埋めつくした。儒学者新井白石《あらいはくせき》は、午後二時ごろ、江戸城本丸に登城《とじょう》する途中、西南の方向に真黒の空をみたという。「地震い、雷の声す（声がする）。家を出るに及びて、雪のふり下るがごとくなるをよく見るに、白灰の下れる也。西南の方を望むに黒き雲起りて、雷の光しきりにす。西城《せいじょう》に参りつきしにおよびては、白灰地を埋みて草木もまた白くなりぬ」（『折りたく柴の記』）。この噴火は、はるか離れた江戸からも見えたのである。

その時の模様を「杉本田造家文書」（杉本家文書）から詳しくみてみよう。

（略）宝永四年亥年も、風損《ふうそん》耕作宜しからず候、十一月二十三日昼四ッ半時、俄《にわか》に天の模様変り天地鳴渡り一刻程過ぎ富士山焼け出し、初めには鼠色の軽石一刻半程迄降り暮六ッより砂降り昼夜七日の内くらやみの如し、神明震動し地震の如し、極十二月替り頃より追々小降りに相成り極月八日中降り夜明け方止み申候、然《しか》る所富士山南方に小山出来申候、当地砂深さ一尺五寸より二尺駿州御厨《みくりや》は砂元にて三尺又は一丈余り之あり候、人種もたえ申すべく候を人の心も落着き申さず候。（略）

噴火による被害は、小田原領内の農村にとっては大打撃であった。これにより宝永五年閏《うるう》正月、足柄上郡七一ヵ村、足柄下郡四二ヵ村、駿東郡七九ヵ村の計一九二ヵ村、高五万六〇〇〇石が、天領に編入された。編入されたのは、被災地救済のためではあったが、この災害を契機にあらたに襲来する天災に小田原藩領下農村は復旧工事が追いつかず、中には亡所《ぼうしょ》（廃村）になる村々もあり、農民は困窮をきわめた。

このことから、小田原宿の助郷《すけごう》役を負担する農村は、宝永六年の富士山の噴火による疲弊を理由に、次々に助郷役の軽減や免除を願い出る村が増えていった。ここでは、いくつかの諸例の中から、足柄平野の低湿地に位置する六ヵ村の例をみることにしたい。

例示する六ヵ村は、略図（図21）に記した村々で酒匂《さかわ》川に沿った湿地に位置する。本来、

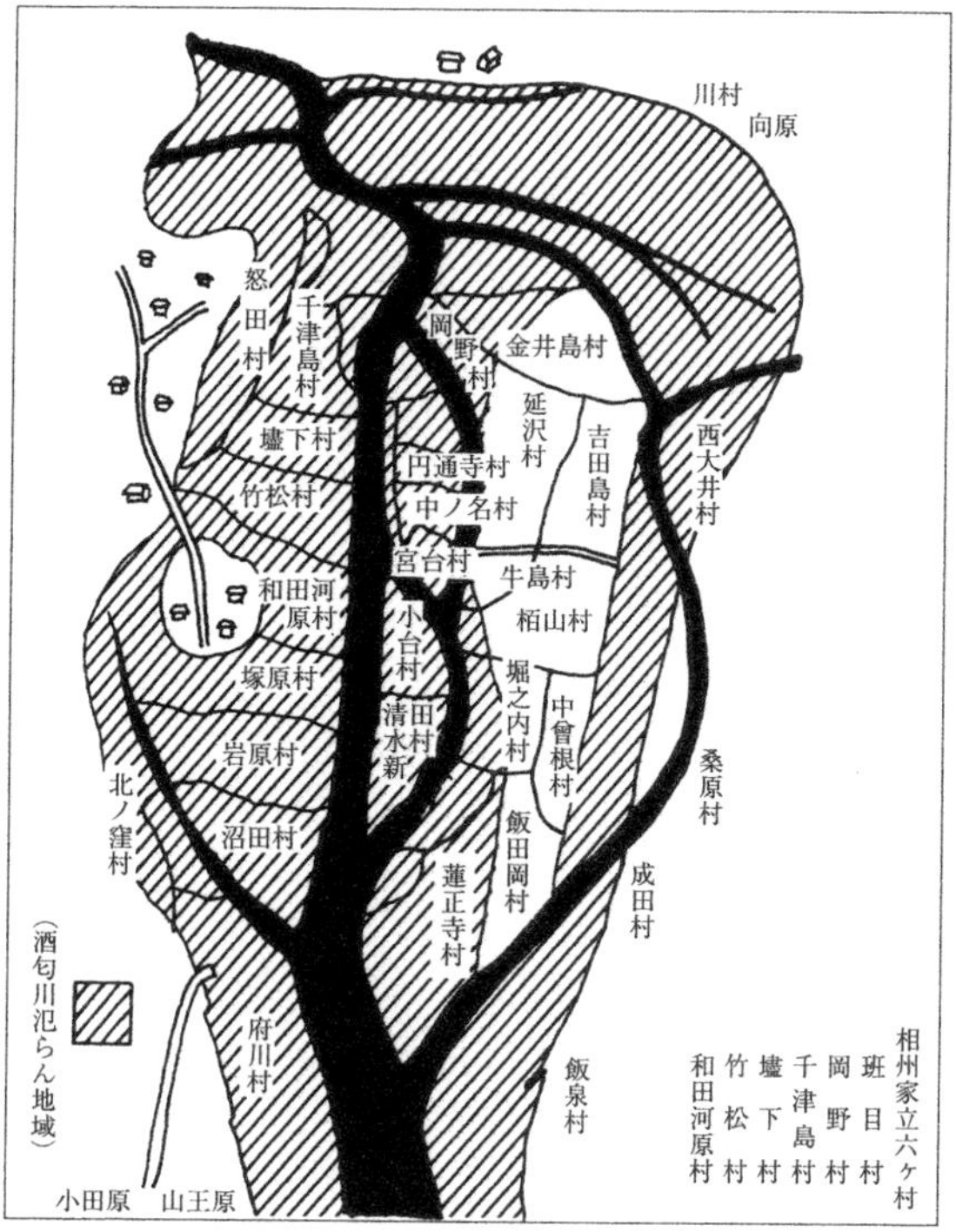

図21　相州酒匂川本川通川除御普請御願絵図（瀬戸崎雄『金井島の研究』〈図書文化，1982年〉より一部改変）

それでなくとも足柄平野は扇状地のため大雨による洪水や、泥流のため田畑が埋まり、農民は、常時、自然災害に悩み対峙《たいじ》してきたが、その労苦ははかり知れないものがあった。

助郷免除の訴えと差村

享保十六年（一七三一）五月、六ヵ村（金手《かなで》村、西大井村、鬼柳《おにやなぎ》村、桑原《くわむら》村、成田《なるだ》村、飯泉《いいずみ》村）は、村の疲弊を理由に、道中奉行《ぶぎょう》所に助郷役免除の「歎願書」を提出した。「歎願書」提出の責任者でもある金手村名主善兵衛は、村の惨状を次のように書き記した。

川東地域（酒匂川の東側）の堤が、同月七日の夜に切れ、西大井・鬼柳・桑原の各村は、水埋《みずうもれ》になり、鬼柳村では、数十人の人びとが危険な状態に落入り、そのうち一五人の百姓が水流にのまれ死に至りました。ようやく難を逃れた人びとも、翌八日の朝、七名は流され行方知れず、西大井・桑原村も屋敷は水に埋まり、危険な状態にさらされています。勿論《もちろん》、屋敷も馬も人も、開発途中の田畑も潰滅《かいめつ》状態です。

この惨憺《さんたん》たる被害状況を道中奉行所は、検討する。ところが、助郷免除許可の解答は、すぐにはなかったが、しばらくすると、道中奉行所から、「亡所高《ぼうしょ》」と「有高《あり》」の書上げと「差村《さしむら》」できる地域の指名をするよう連絡があった。「差村」とは、助郷役の負担が無理である村落に代わって「代役」できる村を「差す」つまり、指名し、代わって役負担の義務を負うことである。さらに詳しく述べていこう。

六ヵ村の亡所高・有高

一、高三百弐拾石　金手村

内百六拾五石　川成砂埋高《かわなりすなうもれたか》（砂で埋まってしまった土地で耕作不能）

残百五拾五石　有高（多少なりとも耕作できる）

一、高四百五拾三石　西大井村

内三百八拾三石

残七拾石　有高

一、高三百六拾九石　鬼柳村　川成砂埋高

一、高六百拾九石　桑原村　川成砂埋高

一、高八百九拾六石　成田村

内七百三拾石　川成砂埋高

一、残百六拾六石　有高

一、高八百三拾弐石　飯泉村

内三百九拾弐石　　川成砂埋高
残四百四拾石　　有高
一、惣高三千四百八拾九石
内弐千六百五拾八石　　川成砂埋高
残八百三拾壱石　　有高

この史料は、金手村の名主善兵衛らが調査し、書上げ、奉行所に提出したものである。これによって六ヵ村の窮状を知ることができよう。高は村高で、ほぼ村高イコール助郷高と解することができる。これによると鬼柳・桑原の各村は一〇〇％「砂埋」で、田畑は、潰滅、金手村他の村々も、七〇％以上の田畑が「砂埋」で、「有高」（残っている田畑の高）はわずかである。そして、名主《なぬし》たちが「差村」としてあらたに指名した村は、小田原宿より、はるかに遠距離にあり、支配状況も複雑な他領の地域であった。

六ヵ村は亡所（廃村）となった田畑の再生をはかるため、助郷役の免除を願い出て、差村したが、差村の対象となった村は、他領の村々であったことと、小田原宿より三里以上も遠方の村むらであったがゆえ、そう簡単には請け入れることはできず困窮化のもたらす影響は、はかり知れないものがあった。それが、つぎつぎに新たに増設された加助郷への差村化であり、過重な農民の負担であった。

ところで、前述したように助郷は、当初、定助郷と大助郷に区別されていたが、享保十年の改正により大助郷は廃止、定助郷が、大助郷を組みこむ形で機能していたが、遠方の村々の事情により、加助郷という形態で、役を負担することとなった。つまり、徴発の順序としては、定助郷が役負担をし、つぎに加助郷が徴発されるというシステムに変化こそすれ、差村を指定された村は、それが加助郷であれ、定助郷としての役割を果たさねばならなかったのである。そこに、あらたな問題や矛盾が発生し、宿・助郷村どうしの紛争を生む要因となるのである。

助郷騒動

騒動の前提

近世中期から後期にかけて、全国的に助郷《すけごう》紛争が頻発した。農民が村を挙げて結集し、訴訟を起こすのは役負担をする能力の限界を越えた場合で、宿・助郷村の共生《きょうせい》関係が崩れたときである。つまり、宿人馬と助郷人馬とのバランスが保たれず、不均衡な負担になったときであろう。このような時にこそ、農民は村を挙げて結集し闘争を試みる。いわば、権力に対する抵抗である。闘争の形態はさまざまで、強《ごう》訴《そ》・うちこわし・逃散《ちょうさん》・愁訴《しゅうそ》・越訴《おっそ》などすべて百姓一揆《ひゃくしょういっき》の形態として概念化できる（保坂智『百姓一揆とその作法』吉川弘文館、二〇〇二年）。ここでは、助郷負担の減免闘争《とうそう》訴願ということでは、合法的闘争形態であり、あくまでも「騒動」の一形態としてとらえていきたい。

江戸時代は、騒動を「騒立《さわぎたて》」などと言い、「歎願」が、スムーズにいかなかった場合、多人数によって実力行使をすることである。

囲人馬と対立

前述したように、交通量が多くなると、宿に常設されている一〇〇人一〇〇疋《ぴき》の人馬では到底継立《つぎたて》ることはできず、一定の人馬を遣い切ると、助郷村の人馬に助成してもらうことになる。ところが宿の常備人馬一〇〇人一〇〇疋を全部遣い切ってしまうと緊急の貨客の継立に間にあわず、このようなときに、若干の人馬を宿に温存しなければならなかったのである。一般に一〇〇人一〇〇疋の中から三〇人の人《にん》足《そく》と二〇疋の馬を留置し、「急御用」「臨時通行」用として充当するということであった。このような人馬のことを「囲人馬《かこいじんば》」といい、どこの宿場でも共通していた。

小田原宿では、享保十年（一七二五）には、人足五人馬五疋を囲人馬として常置させ、後宝暦八年（一七五八）になって二五人の人足と一五疋の馬、合計三〇人二〇疋を囲人馬として留置することに道中奉行《どうちゆうぶぎよう》から示達されている。したがって、助郷への徴発《ちようはつ》は、宿常備人馬七〇人八〇疋が徴発されてから、後に出役をするというシステムであった。

ところが、現実はそうスムーズにはいかず、宿と助郷村が囲人馬をめぐって、相互の利害を主張しあい対立することが多く、宿によっては、係争《けいそう》となることがしばしばあった。ここに、一つの事例を示しておこう。これも、小田原宿の例ではあるが、特殊な例ではなく、宿駅《しゅくえき》と助郷村ではよくある一つの事例として、理解してほしい。

小田原宿では、宿常備人馬七〇人八〇疋を遣い切ってから助郷村に補塡してもらう。これを「七・八遣い」という。このことは、すでに述べた通りである。ところが、文化十一年（一八一四）十二月、宿は、他領助郷二一ヵ村から、「人馬の遣い方」に疑義《ぎぎ》が生じたと、道中奉行所に訴えられた。助郷村が訴えた理由とは、小田原宿が「七・八遣い」に人馬を提供していないということであった。すなわち、宿人馬七〇人八〇疋を遣い切らずに、常備馬を六五疋まで使役すると助郷村に触れあてていたということで、囲馬は二〇疋であるはずが、三五疋を囲馬として宿に温存するのは理にあわない。残馬一五疋の「遣い方」を明らかにしてほしいという内容であった。訴えた他領助郷村は、すでに小田原宿では、享保十年・宝暦八年に囲人馬「三〇人二〇疋」と規定されているので、宿方《しゅくがた》が常備馬を使いきらず助郷村へ役負担を転嫁するのは、疑問だらけで許しがたい行為であると厳しく糾《きゅう》弾《だん》した。他領助郷村が厳しく訴えた理由は、こればかりではなかった。「囲人馬」の不正を契機につぎつぎと宿の人馬配分の不正を糾弾し、この際すべてを暴露《ばくろ》しようとした。それは、つぎのようなことである。

同年十二月に、「乍恐《おそれながら》以書付《かきつけをもって》御訴訟《ごそしょう》申上候《もうしあげそうろう》」にはじまる文書によってそのことがわかる。

対立の経過

まず、宿が果たすべき「御朱印・御証文」の無賃人馬について「前々より被仰渡《おおせわたされ》」ているのにもかかわらず怠業し、「商人荷物」のような「賃銭」の割のよい継立のみを積極的に勤め助郷村へは「貫目《かんめ》重き荷物」の輸送や「宿方而已《のみ》、利を得」るような継立に終始している。それでなくても「私ども、他領助郷村は、小田原宿へは道法《みちのり》三里、四里とかかり、上りは箱根宿に助郷がないので、三島宿まで継ぎ通す。周知のように三島宿までは険《けん》阻《そ》な箱根山を越え、往復一六里の長い距離を輸送しなくてはならない。下りは隣宿の大磯宿まで四里、その間、酒匂《さかわ》川の川支えにしばしば遭遇し、川明けになるまで逗留《とうりゅう》することになり、重ね重ね困窮する。このような状況の中で、七・八遣いを遵守《じゅんしゅ》しない宿方の不正を充分に御吟味《ぎんみ》してほしい」と訴えた。

この訴状を提出したのは、江川太郎左衛門代官支配下にある他領助郷二一ヵ村で相模《さがみ》国足柄上《あしがらかみ》郡山田村の名主である七郎右衛門が代表で提出している。

訴状を受けとった道中奉行所では吟味したが、解決は翌年に持ちこされることになった。

吟味内容は、宿方が宿常備馬六五疋で助郷村へ役馬を触れあてたのはどういうことか。残馬一五疋の使役方法などを宿方に問いただし、双方の言い分を聴き、吟味することになった。ところが、宿方と助郷方の言い分がまったくかみあわず、両者は、自己の利害を主張するばかりであった。もともと、宿・助郷村は、役の負担をめぐり相互の利害は、衝突することが多く合議には五ヵ月もかかっている。要するに宿方と助郷村では残馬一五疋の解釈が、異質であったのである。つまり、この一五疋は私的な「御雇馬《おやとい》」で公的な役馬ではなかったにもかかわらず、宿方では、常備馬にこの「雇馬」一五疋を加え八〇疋としていたので、宿常備馬六五疋で助郷村へ触れあてていたことが判明したのである。

ここに、至るまでの双方のかけひき、対立はすさまじいものであった。

助郷方から道中奉行所へ

宿の囲馬は二〇疋と決められているのに、さらに残馬一五疋を囲置きしているのはどういう理由からか、これについて糺したいのでお訴え申し上げます。

道中奉行から宿方へ

残馬一五疋はどういう馬か助郷村へ説明するように。

宿方の解答なし

助郷方から道中奉行へ

病馬に変り、毎日三疋ずつの馬を囲馬にしている。これは、「日〆帳《ひじめ》」に記載しているか糺したいのである。

道中奉行から宿方へ

宿方では新囲馬という残馬一五疋を温存しているらしいが、一五疋の馬について、どのように使役するのか納得のいくよう助郷方へ説明せよ。

宿方からの解答

囲馬二〇疋のほかに私的な雇馬一五疋は、「相助馬」といい、囲馬二〇疋とともに囲置していることは事実です。つまり、新囲馬として三五疋を常置している。したがって宿常備馬一〇〇疋のうち六五疋使役したら助郷村に触れあてている。

助郷方から宿方へ

それは、誤解もはなはだしい。宿常備馬の一〇〇疋は、公的な役馬で、私的に雇った馬とは異なる。宿常備馬八〇疋を使役してから助郷村に触れるのが正道である。

道中奉行から助郷方へ

六五疋で、助郷村に触れあてられると助郷の役負担は、難儀なのか。病馬《やみ》が多いので宿方六五疋まで助郷村に触れあてるのを認めてやってはくれまいか。

助郷方から道中奉行へ

六五疋で認めるわけにはいかない。原則どおりに八〇疋まで使役してから触れあてほしい。しかし、騒ぎ立てては困るので相手方（宿方）にとくと懸け合って、できれば内済示談《ないさいじだん》を望みます。

このようなくりかえしで平行線を辿っていく。両者のかけひきは、延々とつづき七ヵ月後の翌二月に和解し、結末となった。両者は、「済口証文《すみくち》」（稲子家文書）を取りかわし一件落着となった。結局、複雑なとりきめを結ぶことで、助郷方は新囲馬を認めた。ただし三五疋ではなく、折衷案《せっちゅう》として囲馬二〇疋に「雇馬」八疋を加え二八疋までを囲馬として認めようではないかと妥協した。ところが、八疋の「雇馬」を公認する代償として、訴訟方の助郷二一ヵ村の中の小竹村という村落方の助郷馬のうち八疋を減ずることで決着した。また「空馬」はいっさい認めない。病馬は二疋までとする。

結果、紛争は「内済」「示談」という方法をとらざるを得なかったが「役馬」をめぐる宿と助郷村は、不均等な徴発をめぐって相互に利害を主張し、対立することが多く、重役になればなるほど、宿と助郷村の紛争は絶えることはなかった。

「助郷役」の負担は、農民にとっては、過酷なものである。訴訟を起こした二一ヵ村は宿よりはるか遠隔の地域で、しかも、旗本の知行《ちぎょう》地、幕府領、藩領というように、農民は、二重、三重の支配下にあった。がゆえに、定助郷を勤めたり、加助郷の役割を果たしたり、宝永の富士山の噴火のあとには差村に指定されたり、常に人馬役配分をめぐって不利な条件にあったのである。それでも「内済」「示談」という妥協的な解決方法をとったのも今後も起こるであろう紛争を予知し、その都度、正当性を主張することによって、支配者側に有利な条件を公認させ、できるだけ役の重圧から逃れたいとする意図があったものと考えられる。小田原宿ばかりでなく、宿と助郷の紛争の多くは、「内済」で決着をつけることが多いが、稀に小前《こまえ》衆を結集し、支配領域を越えた反対闘争を展開することもあった。典型的な例が武州で起きた伝馬《てんま》騒動で、深刻な幕政危機を惹き起こしている。

幕末の動向

嘉永六年（一八五三）のペリー来航による開国は国内の体制に重大な影響を及ぼしたことは周知であろう。政治的には下級武士層を中心に尊皇攘《そんのうじょう》夷《い》運動が展開され、激しい排外主義を醸成《じょうせい》し、そのことが討幕《とうばく》の引き金となったこと、経済的には対外貿易の振興により、新興商人の台頭を招来《しょうらい》し、社会的には物価高騰のあおりをまともに受けた都市下層民や小農民が、江戸や地方の都市、村落で「打ちこわし」

や「一揆」を起こし騒然とした状況を醸成させたことから、京都・江戸間の公的通行が激増し、街道に隣接する宿駅は人馬継立のための膨大な人馬徴発に困窮した。とくに、「和宮降嫁《かずのみやこうか》」「将軍の上洛《じょうらく》」「長防進発《ちょうぼうしんぱつ》」「御東幸《ごとうこう》」など、文久から慶応にかけての軍事輸送は、宿駅および助郷村に多大な影響を与えた。

幕末から維新期にかけての助郷人馬の徴発が人びとをいかに困窮させたのか、はかり知れないのである。

元治元年（一八六四）、東海道品川宿から大津宿までの東海道に隣接する宿駅で、宿役人が共同で「乍恐《おそれながら》以書付《かきつけをもって》御歎願《ごたんがん》奉申上《もうしあげたてまつり》候《そうろう》」にはじまる長文の「御歎願書」を道中奉行所に提出した。

それには、街道の宿駅が、膨大《ぼうだい》な人馬徴発によって「極弊《きょくへい》」に至った理由が連綿《れんめん》と書き連ねられている。東海道品川宿より大津宿までの宿、助郷の役人は、近年、宿駅における宿・休泊・継立・御荷物の輸送御用が嵩み、大変な困窮に陥っていること。とりわけ、戌《いぬ》年（一八六二）の「和宮様のご降嫁」つづく「将軍家茂《いえもち》様の京都ご上洛」（一八六三年）などかつてない「未曾有《みぞう》のご変革」に、人馬役の負担が過重になったこと、くわえて宿々の常備人馬や助郷人馬が減少しはじめ、もはや役負担は限界に達したと記されている。

「歎願書」には、二〇〇年来の御恩沢《ごおんたく》に浴することのできた「国民」は、老人も子どもまでも、こぞって金銭を都合しあいなんとか御恩沢に報いるよう公儀の重大な御役目を果そうと努力はしたものの宿や助郷村々の窮乏化は深刻で、もはやここに至っては打つ手もなく、潰《つぶれ》人馬は日毎に増えるばかり。お国の危機とはいえ、この上、重大な御役を課せられても、助郷農民はもちろん、宿助郷御役人ともども逃散するほかはない、と結ぶ。

長防《ちょうぼう》進発による宿・助郷の負担は、言うまでもなく、長州征伐《せいばつ》のために発動された軍事輸送である。武具・弾薬をはじめ、軍需品の輸送のための人馬継立である。軍夫役にかり出された助郷農民はあまりにも過重な負担に耐えきれず「逃散」する者もあり、宿や村むらは混乱状態となっていたのである。

「逃散」とは、文字通り農民が村を捨て逃亡することであり、宿・助郷役人惣代《そうだい》は歯どめがきかなくなった。助郷惣代ではこのような状況をもはやどうすることもできなくなっていた。

しかし、これは、東海道ばかりとは限らず幕末のあわただしい政治動向は、経済の交通路といわれる中山道も同様であった。ここで目を転じて中山道の和宮降下のときの宿助郷の動向に触れてみたいと思う。

和宮降嫁と負担

文久元年（一八六一）十月二十日、孝明《こうめい》天皇の異母妹の和宮親子《ちかこ》内親王は、一四代将軍家茂《いえもち》に嫁することで京都を発っている。そのときの行列は総数六〇〇〇〇人を越したといわれ、この時に徴発された使用人馬もまた膨大な数にのぼった。

次の文章は、島崎藤村《しまざきとうそん》の『夜明け前』の一節である。

（和宮様の御降嫁は）おそらくこれは盛典としても未曾有《みぞう》、京都から江戸への御通行としても未曾有のことであろうと言わる、。今度の御道筋にあたる宿々村々のものがこの御通行を拝し得るというは非常な光栄に相違なかった。

木曾谷、下四宿の宿役人としては、しかしただそれだけでは、済まされなかった。彼らは一度は恐縮し、一度は当惑した。多年の経験が教えるように、この街道の輸送に役立つ御伝馬には限りがある。木曾谷中の人足を寄せ集めたところで、その数はおおよそ知れたものである。それには、どうしても伊那《いな》地方の村民を動かして多数な人馬を用意し、この未曾有の大通行に備えなければならない。

さらに、小説はつづく。

（和宮の御通行は）本来なら、これは東海道経由であるべきところだが、それが模様替えになって、木曾街道の方を選ぶことになった。東海道筋は頗《すこぶ》る物騒で、志士浪人が途《みち》に御東下を阻止するというような計画があると伝えられるからで、この際、奉行としては道中宿々と助郷加宿とに厳達し、どんな無理をしても人馬を調達させ、供奉《ぐぶ》の面々が西から続々殺到する日に備えねばならない。徳川政府の威信の実際に試《ため》さるゝような日が、到頭やって来た……

小説は、以下、何十ヵ村という村々と、木曾路を往復する何千人もの助郷人足の過重な役負担の様相がリアルに描かれている。

藤村は、「前代未聞」の「御役」と和宮行列に費やした助郷役をこう表現する。

和宮東下向の大通行には、指定の助郷役では到底賄いきれず、遠近を問わず臨時の人馬を徴発した。この臨時の助郷を「当分助郷」と呼んだ。

『駅逓《えきてい》志稿』に、

和宮東下ノ日、其使用人馬ノ数多キヲ以テ、各駅宜《よろし》ク当分、今度ハ皆高ニ准シテ馬ヲ出スヘシ……

とある。すなわち、「当分」ということは、大通行に際し「しばらくの間臨時に助郷を村々で、石高にみあった役を負担する」ということである。この「当分助郷」という新たな助郷は、中期まではごくわずかに史料にみられるが、天保期（一八三〇〜四四）以降になると、急増する。それも、加助郷と混同され同時に徴発されていることが多く、村を混乱させた。交通量が激増する幕末期には、もう臨時徴発の段階を通りこし、定助郷のような性格を持つようになってくる。

例えば、小田原宿では、小田原宿から五里以上も遠距離に位置する村々は、幕末の大通行に当分助郷を課せられたが、加助郷と区別できず、負担が重いことを理由に役を拒否し「雇人馬」によって代替している。しかし、「雇人馬」は、代金で人馬を雇うというシステムのため「役金の納入」ができず未納という現象を生じ、しばしば紛争となることもあった。これらの村落は、神奈川県内の中でも厳しい山岳地域や山梨県の富士山麓地の寒冷地に位置していることから、「当分助郷」という名の元に「公儀役」とはいえ「新助郷」を提供することは、農民にとっては、困難であった。

箱根戊辰戦争と小田原藩

徳川幕府の崩壊の決定的な要因となった戊辰《ぼしん》戦争は、鳥羽《とば》・伏見《ふしみ》の戦いに始まり、函館五稜郭《ごりょうかく》の戦いで終息したが、この間、将軍慶喜《よしのぶ》の恭順《きょうじゅん》に不満を示す佐幕《さばく》派と薩・長を中心とした新政府軍との間で、会津《あいづ》をはじめ、各地で内乱が勃発していた。この様相は、すでに多くの先学によって研究されているので周知であろう。徳川譜代小田原藩もこの渦中にあり、一五代小田原藩主大久保忠良は、いちはやく恭順の姿勢を示したが、慶応四年（一八六八）四月になると態度が急変し、佐幕派に呼応して、小田原藩に派遣されていた新政府軍の軍監中井範五郎以下十数名の兵士が小田原藩に斬殺《ざんさつ》されるという事件が起きた。小田原藩士の一部過激派は、遊撃隊を組織、ことごとく新政府軍に抵抗し、戦争状態になったが、一般民衆をまきこみ、三日間の戦闘後敗退した。この戦争で、即死・討死・負傷した者は二百数十名にものぼった。なお、戦後の処理として新政府軍への「兵食賄」をはじめ、「軍備輸送」のための膨大な助郷人馬の徴発が厳命され、宿・助郷村々は、新政府軍への新たな「役」負担に、農民は困窮の度を増していったのである（拙著『近世助郷制の研究——西相模地域を中心に』法政大学出版局、一九九八

図22　幕末の小田原宿（歌川国綱「御上洛の東海道図」『浮世絵が語る小田原』夢工房）

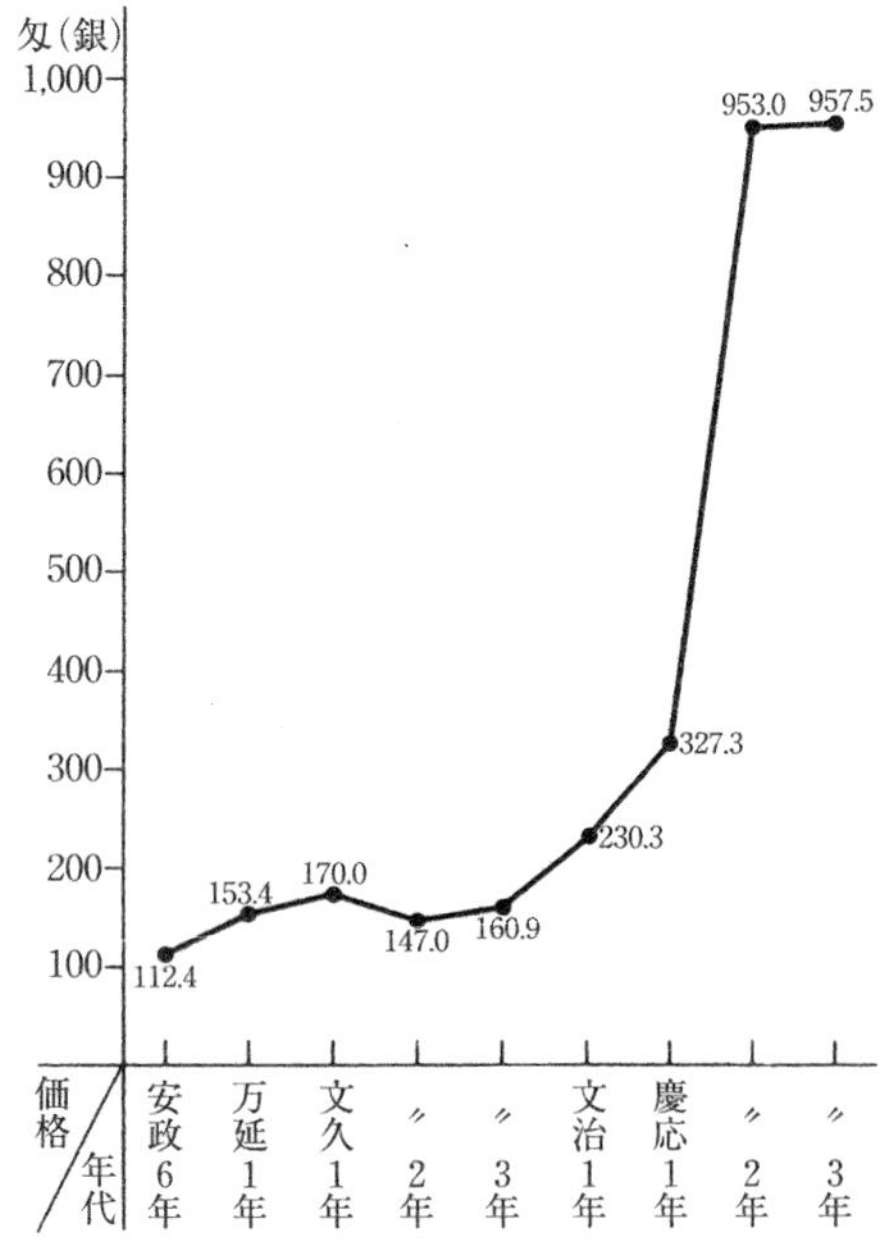

図23　幕末の価格変動（石井孝『幕末貿易史の研究』1944年より）

年)。

戊辰戦争後の社会、それは経済の混乱であった。次のグラフをみてみよう（図23)。これは幕末における米価の変動を示したグラフである。急速に上昇した米価でもわかるように、インフレーションは民衆を混乱の渦中へとまきこんだ。太政官発行の金札の相場の不安定からくる物価の変動に振りまわされていた民衆の生活は「公私借財大ニ相嵩《あいかさ》」むという状態となり、民衆の「疲弊《ひへい》」は極度に達した。一方、新政府は、道中奉行を「駅逓使《えきていし》」と改め、東海道御伝馬掛りとして発足させ、「交通制度」の再編をはかるための手段として、とくに陸上輸送の充実に力を注いだ。それには、まず、助郷の組替《くみかえ》に着手し、旧幕時代の「人馬継立」のみなおしをすることになった。その一つ

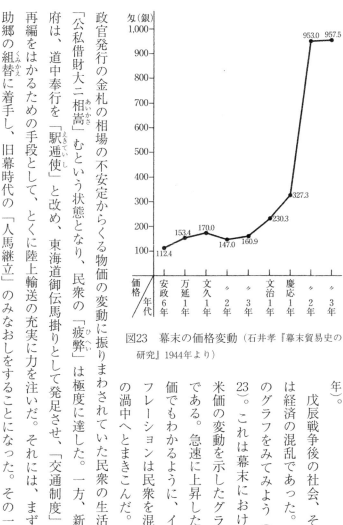

が御領・私領・寺社領の区別なく、すべての土地・人民に助郷役を課すということであった。旧幕時代には、御領・公家・寺社領には助郷役は免除されていたが、「改正仕法」では、「旧弊御一新ノ折柄」「海内一同ニ助郷可相勤候様《あいつとめるべくそうろうよう》」となり、助郷役の拡大化がはかられた。二つ目の改正は、定助郷・加助郷・当分助郷という名称は廃止となり、すべて「一円化」され、平等に課せられた。

東海道の宿駅は七万石、中山道では二万五〇〇〇石、脇往還には一万石と、宿の規模などはまったく考慮されず、平等となった。これでは、小規模な宿駅や山間地の助郷村は、当初から困窮をきわめ、収拾できず「不勤《つとまらず》」の村々が続出した。

農民の役負担不公平の是正を目的として、新政府の助郷改正は、かえって「平等」の理念とかい離する結果となり、結局、助郷役負担是正は失敗に終ったのである。

この年、混乱する状況の中で、「天子東幸」は、旧助郷役で農民は徴発されている。

明治五年（一八七二）、宿駅制が廃止されるまで、公的な輸送は、旧人馬継立方法と、私的な輸送形態に依拠せざるを得なかったのである。

外国人の来日と村々

朝鮮通信使の来聘

朝鮮人通行の風聞

宝暦十四年（一七六四）正月二十九日のことである。地方御役から、小田原藩領下の農村、足柄上《あしがらかみ》郡の吉田島・金井島の両村の名主宛につぎのような連絡があった。

朝鮮人の方々が、来月十日ごろ、小田原宿をご通行になり、江戸へご入府されることになった。先達て、すでに申し渡したように、ご献上の品々のご用意はぬかりなく、期日には、納められるように準備をしておくように申し伝える。

申《さる》ノ正月廿九日

本庄林左衛門

小川　甚平
井上佐次左衛門

（瀬戸舜家文書）

吉田嶋村　吉田嶋より廿（二十）九日夜
金井嶋村　八ッ時に、今朝の延沢へ次

この触《ふれ》は、両村のほか小田原藩領下の村々には、すべて村継ぎされ承知されているとのことである。しかし、どこの村が、なにを献上品として提供するのか。接待を指示された村々の人びとは、どのような役割を負担するのか。歓送迎に要する人足や馬の割合配分はどうなっているのか。諸道具の管理や保管はどこでどのようにするのか。その他、警備は……、等々。村民は、半信半疑の状態であった。前年の十一月、すでに、地方役人山崎惣太夫、飯田左衛門から、朝鮮通信使《ちょうせんつうしんし》の来日にむけて、厳しい諸事負担の通告があったのにもかかわらず、各村々の人びとは、国賓《こくひん》とはいえ隣国から来日する珍しい異国人に興味や関心を持ちつつもあらぬ風聞《ふうぶん》が乱れとんでいた。しかし一方で、〝高貴の方々〟をどのように歓迎したらよいのか、戸惑っていたようである（開成町　瀬戸舜《しゅん》家文書）。それも無理からぬことである。前年の十一月の申し渡しは、大変厳しい触達《ふれたつし》であった。

厳しい通達

一、当冬に朝鮮人が来朝するので、到着の道筋にあたる表通りの家は、横町の木戸は立置かせること。木戸のない町は、竹垣をし、木戸を附、馬乗物で通行できるようにしておく。

一、格別、道の悪い所は、見通しをよくするように、修理する。掃除は到着一日前にしてもよい。道の修理は、到着二、三日までに、完成しておくように。牛車《ぎっしゃ》・大八車については、逗留《とうりゅう》中、もしくは登城《とじょう》まで通さないこと。大八車《だいはちぐるま》・牛車を所有している者にもよく申し聞かすべきこと。

一、朝鮮人到着の節、発足の日迄、町中名主、月行事については、とりわけ油断なく昼夜とも火の用心を入念にいたすよう心がけること、二階で火焚などは絶対にしてはいけない。

一、朝鮮人のお通りになる町の道路や橋、薪《たきぎ》竹木が積み重ねてあるところは、よく片附け、掃除をていねいにしておくこと。

一、朝鮮人のお通りになる時刻に、二階にて見物しないこと。ただしすだれを掛けて見物する分にはかまわないが、み(水)すを懸けたりは絶対にしないこと。

一、朝鮮人のお通りになる時は、指でさし笑わないこと。

一、朝鮮人のお通りにつき、町の家持は勿論《もちろん》のこと、地借《じがり》・店借《たながり》に至るまで、火の用心を徹底すること、もっとも、道路掃除、名主・月行事は上下《かみしも》を着用、前後の木戸出入口に、附居《つけおり》、喧嘩《けんか》口論など物噪《ぶっそう》の事をおこさぬよう、裏々まで念入りに検《しら》べること。とくに火の用心を徹底すること。

一、道筋の川船は、整然と並べておくようにし、見苦しきことのなきようにすること。仮に、もし乗船し見物する場合は、行儀よく見物すること。

一、朝鮮人との売買は、上下によらず堅く禁止する。

一、朝鮮人のお通りの時刻に、物干で見物してはならない。

一、門構のある家で、門を開き見物してもよい。ただし、門内には屛風を立て、幕を張り、整頓《せいとん》しておくこと、むやみに飾立る必要はない。

一、朝鮮人到着の節、逗留中は町中火の元を、念入りし、月行事、家主は裏々まで、見廻り、留守の場合も居宅は明け、隣家の者が見廻り、家主もたえず注意を払うこと。たとえば、戸を締め、錠をおろすことはせず、内の中を入念に見廻ること。

一、朝鮮人のお通りにつき、小便所は、中橋広小路、浅草広小路両所の六ヵ所に決め、その外の町には、小便所は、据える必要はない。

一、朝鮮人到着の折、道筋火の見番所は、取り除くこと。
一、町火消目印し小旗は、引きこめておくように。
右の趣、町中家持は申すに及ばず、地借り、店借り、裏々に至るまで残らず入念に相触れること。
（『御触書天明集成』3124）

このような触は、「申渡すべきこと」として、奉行所から、各町へも洩《も》れなく触れ、徹底させた。

さて、小田原藩からも同年十一月、宿内藩領下の村々へ同様の指示をした。

①このたび、朝鮮人の来朝にともない往還《おうかん》の村々を通行する節、行儀・作法は宜《よろ》しく、また家から道筋に面しているときは、掃除を入念にし、気くばりをする。草履《ぞうり》や木履《ぼくり》など軒下におかない。火の元は油断なく念を入れること。
②村々で、喧嘩・口論、その他乱心者、あやしき者が、徘徊《はいかい》していたら直《すぐ》に役人に連絡し念をいれ徹底的に取調べること。
③宗対馬守《そうつしまのかみ》様のご通行にあたり、くれぐれも無礼のないよう心くばりをすること。
④犬・猫、その他の動物は放置せず、管理をじゅうぶんにすること。

⑤子どもは往還に出さないこと。

末尾に、「右之趣《おもむき》、急度《きっと》相守り申すべく候」と、記されている。

（『開成町史』資料編近世(1)　瀬戸家文書）

とくに、往還通りの町・村は勿論のこと、その外の村々でも右の趣旨は心得るべきこと、

と述べている。

ところで、朝鮮通信使は、どのような目的で日本を訪れたのだろうか。鎖国政策をとっている日本にとって、朝鮮通信使の来聘《らいへい》は、唯一の国際交流であり、日本の威信《いしん》を海外に示す最大のイベントでもある。

通信使一行は、将軍の代替りごとに四〇〇～五〇〇名余の行列をなして日本を訪れている。つまり将軍の襲職を祝賀することが、第一の目的で、朝鮮王朝から派遣された外交使節団であったのである（申経翰《シンユハン》『海遊録』）。

朝鮮通信使と日程

『海遊録』には朝鮮通信使の日本への表敬がいかに重大であったかが記されている。同書には、朝鮮通信使の日本への道程の記録、将軍への接見、国書返翰《へんかん》儀式、往返の道中における各藩や、宿々の供応の様子、輸送のた

表11　朝鮮通信使往来一覧

年号（西暦）	正　使	総人数	使命（名目）
慶長12年（1607）	呂祐吉	504	修好・回答兼刷還
元和３年（1617）	呉允謙	428	大坂平定・〃
寛永元年（1624）	鄭　岦	460	家光襲職
寛永13年（1636）	任　絖	478	泰平之賀
寛永20年（1643）	尹順之	477	家綱誕生
明暦元年（1655）	趙　珩	485	家綱襲職
天和２年（1682）	尹趾完	473	綱吉　〃
正徳元年（1711）	趙泰億	500	家宣　〃
享保４年（1719）	洪致中	475	吉宗　〃
寛延元年（1748）	洪啓禧	477	家重　〃
明和元年（1764）	趙　曮	477	家治　〃
文化８年（1811）	金履喬	328	家斉　〃

※『国史大辞典』より作成，総人数に多少の誤差あり．（『海游録』解説）

めの人馬役負担などの状況がつぶさに語られ、江戸時代の日朝関係の重要性が読み取れる。表に示したように、朝鮮通信使は、慶長十二年（一六〇七）を嚆矢《こうし》として一二回にわたって日本を訪問している。『海遊録』によれば当初は「回答刷還使《かいとうさつかんし》」といわれ、秀吉の朝鮮出兵の時から捕虜《ほりょ》の送還をめぐって両国の関係を調整するということで、この名称を用いたという。寛永元年（一六二四）の第三回の来朝まで「回答刷還使」という名称がつけられていた。

通信使は、半年～一年くらいの長期にわたって、日本に滞在し日本人との交流を深めたという。日本と朝鮮との文化交流は、往返する街道の宿場での友好的外交の意味も含み、各地にかなりの影響を及ぼしたことは周知されている。

『海遊録』には、おそらく各宿々に休泊し、ゆっくりと、くつろぎ、音曲《おんぎょく》を奏《かな》でながら行列をつくり、見物する人びとと接触し、異国の文化を伝播《でんぱ》したのであろう。

通信使の江戸への通過地や休泊地はつぎのようであった。

〔宿泊地〕京都・守山・彦根・大垣・名古屋・岡崎・吉田・浜松・掛川・藤枝・江《え》尻《じり》・三島・小田原・藤沢・品川

〔休息地〕大津・八幡《やわた》・今須《います》・洲股《すのまた》・鳴海《なるみ》・赤坂・新居《あらい》・見附《みつけ》・金谷《かなや》・府中・吉原・箱根・大磯・神奈川

ふたたび『海遊録』をひもといてみよう。

申経翰は、東海道の旅路について、大変よく見聞していることを細かく描写している。一部抜粋してみることにする。ふたたび、筆者の住む地域を例に述べることにしよう。

小田原から品川へ

箱根嶺を下る。その峻険《しゅんけん》たること、登るときに倍す。路の左右はすべて峭壁《しょうへき》があり、往々にして石を穿《うが》ちて竅穴《きょうけつ》を通ず。百歩に九折、舁夫《よふ》も声を促して力を用うる

図24　小田原城（1960年復原）

こと、あたかも風波に櫓《ろ》を督するようだ。ただ終日簾《すだれ》を捲いて看《み》るものは左右の杉松、その高さいずれも百余尺、森々整々として、これ塵間《じんかん》の植物にあらず。（略）初更の刻小田原に着いた。これ箱根嶺の尽きるところ、閭舎《りよしや》、人民の盛んなること、駿河府中と等しい。

源忠英《ただふさ》（大久保忠方《ただまさ》）がこの城主である。府庫、兵衛が環列して整々、儼然《げんぜん》たる一雄関（閣か）である。使館は宏侈《こうし》にして、匙箸《しちよ》、盃椀《はいわん》は、金銀をもって作り、酒食および別餽《き》は中下官にまで及ぶ。その富、知るべし。

見られるように一行が峻険な箱根山を小田原城下へ下るありさまを逐一《ちくいち》記している。昼でも暗い、うっそうとした森林におおわれ静ひつな箱根山を抜け、小田原へ入り、まず真っ先に目に映ったのが、譜代藩一三万一〇〇〇石の大久保氏の居城である雄大な小田原城であった。そして一行は、小田原藩の盛大かつ豪華な供応に驚嘆した。

匙《さじ》・箸・盃椀が黄金であること、これは、まさに、チンギス・ハーンの〝黄金の国ジパング〟を象徴するかのような印象を与えたであろう。川崎宿の宿役人（後代官）であった田中丘愚《きゅうぐ》は、『民間省要《みんかんせいよう》』で朝鮮通信使の送迎について「何事《なにごと》も善尽《ぜんつく》し、美尽して、御入《ごにゅう》用無量《ようむりょう》なりき。凡《およ》そ、道中一泊の御入用、諸普請《ふしん》、道・船橋・川舟・橋・川浚・諸道具・食物・菓子・酒色・諸色惣《しょしょくそう》じての諸役人の入用に至迄《いたるまで》、所により、あらまし考《かんがえ》て、凡《およ》そ二・三万両余入《いり》し所も有《あり》しよしのことなれば、まして御城内旅館の諸事、誰か能《よく》此御入用の算数を計り知へき」と、通信使一行の接待費用は少なくとも二、三万両の大金が入用であると述べている。ところが、藩の接待費用が少なくとも二、三万両ともなると、藩の乏しい財政状況の中から、これだけの費用を捻出《ねんしゅつ》することは、大変困難であったのである。朝鮮通信使来聘は、幕府の最大の公式行事であることから、国家の威信にかけても、丁重に送迎せねばならず、幕府、各藩は、接待饗応に徴発する人足や物品の調達にははかり知れない苦労があった。

村々の負担と供応

道中奉行の指示

宝暦十四年の朝鮮通信使《ちょうせんつうしんし》の来聘《らいへい》に備えて、各街道の宿場《しゅくば》では、送迎の準備に、藩をあげての協力体制に入ることになる。小田原藩領下の農村では、前年の十二年から十三年にかけて、準備体制を整えたのである。「公儀の御役」をどのように藩領下の農村では受けとめ、どのような役割を負担したのか、ここではみていこう。

まず、小田原宿は、通信使一行をどのように受けいれたらよいか、道中奉行所《どうちゅうぶぎょうしょ》からの指示はどのようなものであったのか。項目を整理すると、次の①〜⑩項目に分類できる。

①休泊・宿泊についての件

②酒匂川《さかわ》の架橋《かきょう》工事に関する件
③囲人馬《かこいじんば》・宿人馬・助郷《すけごう》人馬についての件
④荷物の逓送《ていそう》の準備に関すること
⑤宿内の美化について
⑥献上品の種類
⑦饗宴《きょうえん》・供応の具体策・役割などについて
⑧御馳走役の件
⑨宿内・藩領内の警備・治安に関する件
⑩諸雑事

（『開成町史』）

施設の整備

外国人の来朝に関して幕府は、国家の名誉にかけて失敗は許されない大変な神経をつかい丁重な応待に終始した。まず、第一に心がけたのは、通信使が休憩し宿泊する施設を整備することにあった。

前述したように「高貴の方」、つまり公家《くげ》・幕閣の役人・大名などが宿泊する施設である本陣が主として通信使一行の「迎賓館《げいひんかん》」の役割を果すことになり、その整備に追われる。

例えば、東海道箱根宿では延享五年（一七四八）に、通信使来朝について御普請《ふしん》費用の助成金が下賜《かし》されているが、本陣《ほんじん》の内装にほとんどが支出されている。「ふすま」「屏風」の張り替えから「畳表《たたみおもて》」の取り替え、「障子《しょうじ》」「門」「玄関」などとそれに饗応に必要とする「白米」「味噌《みそ》」「干大根」「黒豆」「昆布」「ふき」「茶」などの調味料や、食品に出費している。なかには「つむぎ一疋《いっぴき》」とあり、接待人の衣装の支出費目も見られる（『朝鮮人来朝ニ付　御上より御普請被下諸入用覚帳』石内家文書）。

宝暦十四年（一七六四）の二月の史料によると、

馬十四疋の新規に建てた仮馬屋の地代《じだい》、金十三両三歩《ぶ》、銀一朱《しゅ》、馬十四疋の飼葉《かいば》一式
四両一歩　御上下《かみしも》　八七二文（九九人分）小屋垣根代　金八両二歩　雪隠四箇所　金
二歩　〆《しめて》　三五両三歩　銀七匁《もんめ》三分四厘《りん》（以下略）

（『佐竹右京大夫様覚』石内家文書）

とあり、末尾に、「朝鮮人来朝之節、諸色御滞相済書面之通り　本陣　石内太郎左衛門」と署名されている（『箱根関所だより』総集編、箱根管理事務所、一九九〇年）。

同年二月十三日、小田原宿本陣片岡永左衛門宅では、修復した箇所のメモがあり、それによると、

玄関一間、天井二間、板天井廻りの張り替え、竹縁、柱は杉・丸太面付、荒削、桁根、竹木、針金、杉皮、大工日用一式、請印、〆代金入札

（『片岡家文書』）

とあって、代金は二両一分と銀一〇匁と記されている。また、九左衛門宅では、庇《ひさし》九尺、柱二・三間、杉丸太、荒鉋《かんな》削、寝屋、根太代金五両一分、銀七匁の支出とある（『片岡家文書』）。これは、ほんの一部で、幕府の下賜《かし》金だけでは、到底、賄うことはできないのは、周知の事実である。

つぎに、酒匂川の架橋工事に徴発される村々の負担はどうだったのだろうか。これについては、「宿場とその運営」の川越制度（六八頁）で若干ふれているが、ここでは、具体的に村の負担をみていくことにしよう。

酒匂川架橋負担　宝暦十三年（一七六三）九月に酒匂川土橋工事について、藩命令がくだったことで、翌年二月郷中組合名主一同より、小田原藩田代忠太、内田半助両役人に次のように返答書を差し出した。

当年、朝鮮人の来朝について、御指示の通り、酒匂川土橋の架橋工事にとりかかります。すでに、御役人様より各村々へ割賦《かっぷ》の触れがありましたので、滞《とどこお》りなきよう

勤めるよう承知いたしましたので、その旨、お届けいたします。

では、いったいどのくらいの負担が割当られたのだろうか。「覚」からひろってみよう。

割賦人足　一万八千七十八人九分《ぶ》

百石につき三十四人九分壱厘

高五万石余である。この「覚」から、具体的に一村での割当をつぎにみてみたい。例として、ここでは、足柄上郡の金井島村に照準をあてて述べてみることにする。

金井島村の負担

覚

高百石ニ付　人足《にんそく》三拾四人九分壱厘掛リ

高百石ニ付　莚《むしろ》壱枚七分懸リ

高百石ニ付　藤五尺縄〆《じめ》五分懸リ

高百石ニ付　藁縄五拾尋《ひろ》曲七分懸リ

右の「覚」によると、金井島村では、村全体からみて、人足は一三六人余、莚一二枚余、藤三束余、藁《わら》縄四尺余を、二月晦日《みそか》までに揃えて提出することになり、金井島村名主は、小田原藩役人につぎのように進言した（『開成町史』資料編近世(1)）。

右の件につきましては、先達《せんだつ》て受印申しましたように、郡役書面の通り、莚・藤・藁・縄は、当月晦日までに網一色村の土橋普請小屋にお納いたします。もっとも人足につきましては、下役の方々から相触れ次第に、滞りなく差出すことにいたします。

朝鮮通信使のための臨時の架橋とはいうものの土橋に徴発される人足は、朝早くから（四時ごろ）工事にとりかからねばならず、村民にとっては、過酷な負担であった。なお、土橋架橋人足のほかに、道路工事人足にも徴発され、〝道作り〟は、朝鮮通信使一行が、往返する道路であるということから、危険と思われる箇所はくまなく修復した。この工事は村の負担で、宝暦の通信使一行の〝道作り人足〟提供には、かなりの人足が徴発されている（瀬戸舜《しゅん》家文書）。

宝暦十三年十月九日の「覚」によると、曾我谷津村の清蔵と駒形村の弥市の両名主が請けおい、村役人に委託している。

九日夜五ツ半時、吉田島村より到来次第即刻延沢村へ連絡すること。小田原酒匂宮橋、蓮花橋人足について、千三百三十五人のうち、その村むらへ割付ます人足については、竹持人足壱人前七十二文ずつで依頼します。

「拙者共が請負っているので、来る十二日まで駒形の弥市方へ届けるように。決まり次第御村へ人足触れをしますので、十二日までに人足付人と記し、書面を持参するように」と触達《ふれたつ》している。書面に記された人足の割合は、つぎのように下された。

酒匂村より羽根尾村までの道作り人足組合として二三二人の割当を指示する（『開成町史』）。

この割合

金井嶋村	四四人	吉田嶋村	五六人
円通寺村	四人	延沢村	五五人
中ノ嶋村	一〇人	宮台村	三四人
両牛嶋村	三〇人		

しかし、現実の問題として、これだけの人足が、スムーズに提供されていたのだろうか。例えば、箱根宿では、僻地に点在する底倉村、大平台村、宮城野村、水ノ尾村では、すでに人馬役や箱根の道路工事修復に多数の人足が徴発されているので、これ以上の負担は困難であると組頭連名で訴願している。なお「請負制」ということで「代銀ニ而《て》、相納メ」るという方法を採用していたが、これも船橋、土橋架橋の負担で酷であると述べる。

外国人の日本訪問は、朝鮮通信使・琉球人《りゅうきゅう》・オランダの甲斐丹《かぴたん》一行など、いずれも、国家の重大行事であり、幕府・藩は送迎にあたり、スムーズに取りしきるよう各宿に細心の注意を払うようふれている。そのなかでも人馬不足によって輸送が滞るようなことがおこるのを宿役人はもっとも危惧《きぐ》したのである。とくに朝鮮人の来聘については、人馬の手配に気をくばった。ここに一つの事例がある。明和元年（一七六四）二月十一日、小田原宿の助郷を統括する肝煎《きもいり》の七左衛門から、相模国足《あし》柄上《がらかみ》郡開成町域の村々に、朝鮮通信使の送迎に出役を命じられた「継馬一五九疋」のうち、五九疋が不足となったので「明十二日の明け昼四ッ時までに、助郷役所に参集するように」と命令されたが、一日のうちに、五九疋の馬の調達は容易なことではなかった。

不足人馬の徴発

ようやく、出役に応ずることができたが、村の負担は重く、村民の不満は募るばかりであった。それは無理もないことである。朝鮮通信使一行の伝馬《てんま》役は、国役であることから、徴発形態も「御用人馬」として徴発される助郷役馬とは、まったく異なるシステムであっただけに、助郷肝煎からの示達について村民が疑義を持つのは至極当然のことであった。しかも、緊急ということの徴発であっただけに、役を負担する側にとってみれば、国役と助郷役が同時にかかってくるということは、役負担の重圧以外のなにものでもない。結局、囲人馬から補填するということで解決はしたものの、朝鮮通信使の来日に、準備から後始末まで、二〜三年の歳月を要するということでは、農民にとっての役負担は、はかり知れないものがあったのである。

食品の調達

一方、通信使一行に関しての負担として宿泊に際し周辺の村々はさまざまな種類のものを提供させられた。なかでも饗応に用いる食料品には大変な苦労があった。それは宿泊所の朝・昼・夕食の材料の用意である。一行の献立は本膳の他に二の膳、三の膳がつき、それだけでも豪華な食事であったと推察される。金井嶋村の史料を通して、どんな品目が提供されているかをみてみよう。『瀬戸舜家文書』によれば、鶏・鶴・猪・鹿・雉子《きじ》・玉子、そして、蔬菜《そさい》類である。そのほか、大豆・小豆・枝大豆などの豆類である。なかでも鶏・玉子の提供が非常に多い。同村の明和元年（一七六四）の帰国時に供出した鶏と玉子の数はつぎのようである。

二月二日、鶏九羽、玉子三〇個
二月四日、玉子八〇個、鶏九羽、鶴八羽
二月二三日、鶏九羽、玉子四九個
二月　日、鶏一七羽、玉子一一〇個

それに、鹿・猪は丹沢《たんざわ》山より調達する。渡辺和敏氏の研究（「朝鮮通信使の通行」『静岡県史研究』九号）によると、明和元年、駿州《すんしゅう》敷知郡鷲津村では、食料品として新居宿賄所に出している品物は、鶏・雉子・玉子の外、蔬菜類で、その種類も多く、大根・牛蒡《ごぼう》・芋（長いも・里いも・捏《つく》ね芋）、蓮根《れんこん》、人参などの根菜類から、ねぎ・茄子《なす》・茗荷《みょうが》・葉生姜《はしょうが》・冬瓜《とうがん》・葛葉《くずは》・胡麻《ごま》・柚子《ゆず》・芥子《けし》などで、その他にも大豆・小豆・枝豆、諸々である。また、粗糖などが記されている。一村で、これほどの多種類の食品を調達するだけでも、村にふりかかる負担は、はかり知れない。渡辺氏は、さらに詳細に石高《こくだか》に応じて品物の数量を算出しておられ、その数量は、膨大なものになっている（渡辺前掲論文）。

なお、新居《あらい》宿での通信使随員《ずいいん》の上々官の昼食は、目を見張るような豪華な昼食である（前出論文）。本膳が、染、かまぼこ、汁物（松たけ・茄子・里いも・大根・焼きどうふ）、ところてん、香物・小桶、あえものなどで、二の膳、三の膳に酒・香物、いり鳥、さしみ、鮎の酢味噌、むし貝、吸物、肴《さかな》、最後に、デザートとして、カステラやクルミ饅頭《まんじゅう》、柿、梨などが出るようである。これが夕食となると、昼食の二、三倍の品数だという。

豪華な饗応

いったい、それではどんな料理が宴席をにぎわしたのか。淀《よど》藩で通信使一行に用意した食事の内容を佐藤登美雄氏の「朝鮮通信使の道」（『歴史街道』一九九一年八月号）から引用させていただく。やはり、ここでも、本膳と二の膳、三の膳とあり、そのほかにデザートがある。

本膳には、塩漬けの魚やかまぼこの主菜、大根とサヨリのなます、汁椀がつき、香《こう》の物《もの》に飯となっている。汁椀の具は、焼豆腐、大根、芋、牛蒡、摘入《つみれ》と、実沢山《みだくさん》で栄養価も高い。

二の膳には、巻するめ、貝、からすみ、くらげで、海の珍味が中心で、汁は、麩《ふ》としいたけで、淡白である。

三の膳に至っては、大変豪華で、恐らく食卓をにぎわしたことであろう。ウズラの焼き鳥で、翼を広げて飛翔する姿で皿に盛ったものである。それに舟盛。これは伊勢えびを盛ったものという。そのほか、さざえと鯛の汁。

これだけ、食卓に並べられたら、どんなグルメでも、まずこの豪華さに驚くであろう。デザートは、カステラ、柿、みかん、饅頭、有平糖《ありへいとう》、ぼうろ、算餅（これは粳と氷砂糖で算木の形に作った餅と記されている）。

ところで、このような豪華なご馳走は、前年から準備をしていたのである。幕府は、各藩の大名に「ご馳走役大名」や「賄代官」を任命、各藩領下の村々へ料理人や給仕人の役目を果すべく、「料理いたし候者」として料理人や賄《まかない》人を指名した。足柄上郡金井嶋村へは、次のような申し渡しがあった（『開成町史』）。

覚

一、仕人　五人

一、料理人　一人

右は、朝鮮人御用につき、小田原宿へ羽織袴着にて差し出し申さるべき候。もっとも　金百疋宛下し置かれ候。

未十二月二十三日

地方御役所

このように、各村々で、割当てられた料理人や給仕人は、藩内の賄所に、羽織・袴の正装で「御目見《おめみえ》」したのである。彼らは、専門の料理人ではないので、厳しい審査のうえ、さらに選ばれることになり、何人かの人たちが、出役することになるのである。金井嶋村では、翌二月九日にも、給仕人五人が選ばれている。「覚」によると「朝五ッ時、本町（小田原宿）の池田屋与平次と申す者宅にまで行って、そこで詳しい指図を受けること」とあり、「くれぐれも刻限までに必ず出勤せよ」と、申し渡されている。村から御公儀御用の役に個人指名されたことは、個人にとって最高の名誉ではあるが、耕作期などにおける役は、過酷な負担であっただろうと推察する。

このように、隣国朝鮮との善隣友好外交も幕末には衰退していくことになる。

通信使の歓迎に要する莫大な経済的負担は、諸藩の財政難に拍車をかけることになり、最後の第一二回目の来日は、江戸で迎えることはできず、対馬藩により国書を交わす略式の招聘《しょうへい》となったのである（久保井規夫『図説朝鮮と日本の歴史―光と影―』明石書店、一九九四年）。

宿駅制度の終焉——エピローグ

宿駅が消える

明治の「御一新《ごいっしん》」は、日本の交通制度に大きな変革をもたらした。ふたたび、島崎藤村の小説『夜明け前』の一節を引用する。

本陣、脇本陣、今は共にない。大前《おおまえ》、小前《こまえ》なぞの家筋による区別も、もうない。役筋と称えて村役人を勤める習慣も廃された。庄屋、名主、年寄、組頭、すべて廃止となった。享保以来、宿村の庄屋一人につき玄米五石をあてがわれたが、それも前年度(明治五年)までを打切りとした。庄屋名主等は戸長、副戸長と改称され、土地人民に関することはすべてその取扱いに変り、輸送に関することは陸運会社の取扱いに変った。人馬の継立《つぎたて》で、多年助郷《すけごう》村民を苦しめた労役の問題も、その解決に辿り着いたのである。

明治五年（一八七二）、宿駅制度は廃止された。もはや「駅場近き村々は助郷人馬に使われ、村用に使い古えの十倍の夫役《ぶやく》に成り……（略）、無人の百姓は、度々夫役に出ては耕作も成がたく、夫《それ》ゆえ是非なく日雇を出し、或《あるい》は村役人へ価を出……」すこともなくなった（『地方凡例録』）。

旧制度の解体

明治新政府は、旧幕府の政策、制度をつぎつぎに解体、廃止し、近代国家建設にむけて歩みはじめたのである。その第一歩が、富国強兵《ふこくきょうへい》の基盤を構築するための鉄道敷設であった。この年、新橋―横浜間に東海道線が敷設《ふせつ》・開業され、明治二十年代までには、ほぼ主要幹線の完成をみたのである。しかし、このような急ピッチで進む近代化の波に、かつて、宿を支え人馬役を負担してきた人びとは、ついて行けず戸惑うのも無理はない。

運輸機関の近代化が、逆に、いままでの封建的交通運輸手段によって生活をしてきた人足たちの生活を侵食させるものとなったのである。各地域で、鉄道敷設反対が根強く「文明進歩」や「近代主義」と地域民衆の意識構造のズレを感じる事件も起きている（拙稿「西さがみ鉄道物語」『西さがみ庶民史録一一号』、一九八六年）。

小田原では、馬車鉄道の敷設に反対し、街道沿いの住民が、沿道に座り込んだり、投石をしたりの妨害をくりひろげたが、個人個人の原初的抵抗であったせいか組織的な反対運動にはならなかった。

かくて、交通制度は近代化と共に、新しい時代を迎えることになったのである。

あとがき

生まれてから今日まで、私はふる里である小田原から他地域へ移ったことがない。離れたといえば、学生時代の十年間余である。それも、完全に転居したということではなく一ヵ月に二回程度は帰省しているので、完全にふる里を離れたというわけではない。だから、「ふる里は遠くに在りて思うもの」という実感はない。どっぷりと浸っているだけに、良きにつけ、悪しきにつけ、ふる里が見えてこないことがある。せめて、自分が生をうけ、ここで育ち生き続けていることで、地域を知ろうと、地域の歴史に目を向けはじめたのは四〇年以上も前に遡る。

その間、私は自治体史編さんに携わるなかで、地域の歴史を掘り起こし、いくつかの研究をまとめてきた。本書もそのころからの拙稿が骨子をなしている。したがって、本書は、すでに雑誌などに掲載された論考を中心に、平易に書き改めたものばかりである。しかも、特定の地域に焦点を絞り、書きおろしたものが核となっている点では、どれほどの意味があるのか、はなはだ心許ないが、そこには、自然があり、人びとのくらしがあり、そこに住む人びとは、お互いに援けあったり、あるときは争ったり、悲しみ、苦しみ、そして喜びに満ち、一つの共同体を形成してきた。

そこで、本書は「宿」という都市空間の内実にかかわるさまざまな問題、具体的には、宿の機能や役割、宿駅という公のシステムを支えた民衆の負担、つまり、宿駅制度という公権力を維持していくための民衆の動向について「明」と「暗」の部分からアプローチできればと思いつつ、まとめてみた。大方のご批正を乞う次第である。

なお、本書では、許す限り、読者にビジュアルに臨場感を伝えたいと考え、浮世絵などを挿入した。私の推拙な文章力では、宿場のシチュエーションを伝えるには限界があると思ったからである。

ところで、本書の叙述にあたり、多くの方々にお世話になった。史料探訪では、旧宿場の在住の方々。いつもながら公共の図書館、文書館、私自身が所属している研究会の先輩各位、大学院の諸先生、ゼミの畏友などである。ここでは、ご芳名は省略させていただくが、感謝の念を禁じ得ない。

本書は、昨年五月吉川弘文館編集部より、ご依頼をお受けしたのにもかかわらず、身体の不調から入院、手術二回というハプニングにあい、三ヵ月近くも予定をオーバーし、大変ご迷惑をおかけした。なん回も入院や手術をしたのちに回復し、元の研究生活に戻ることができると、〝生きる〟喜びを心底から実感する。いまはこの苦難を神の与えた試練と受けとめている。

末筆となりましたが、編集部の大岩由明氏、永田伸氏には、校正、その他諸々とお世話、ご助言をいただきましたことを、深く感謝申し上げます。

二〇〇五年五月

宇佐美ミサ子

著者紹介

一九三〇年、神奈川県小田原市に生まれる

一九五三年、法政大学法学部卒業

一九八九年、法政大学大学院人文科学研究科博士課程単位取得修了　文学博士

現在、法政大学史学会評議員

主要著書

近世助郷制の研究　宿場と飯盛女　江戸時代の女性たち（共著）　神奈川の東海道―上（共著）

歴史文化ライブラリー

198

宿場の日本史

街道に生きる

二〇〇五年（平成十七）九月一日　第一刷発行

著　者　宇《う》佐《さ》美《み》ミサ子《こ》

発行者　林　　英　　男

発行所　株式会社　吉川弘文館

東京都文京区本郷七丁目二番八号

郵便番号一一三―〇〇三三

電話〇三―三八一三―九一五一〈代表〉

振替口座〇〇一〇〇―五―二四四

http://www.yoshikawa-k.co.jp/

印刷＝株式会社 平文社

製本＝ナショナル製本協同組合

装幀＝山崎　登

歴史文化ライブラリー

1996.10

刊行のことば

現今の日本および国際社会は、さまざまな面で大変動の時代を迎えておりますが、近づきつつある二十一世紀は人類史の到達点として、物質的な繁栄のみならず文化や自然・社会環境を謳歌できる平和な社会でなければなりません。しかしながら高度成長・技術革新にともなう急激な変貌は「自己本位な刹那主義」の風潮を生みだし、先人が築いてきた歴史や文化に学ぶ余裕もなく、いまだ明るい人類の将来が展望できていないようにも見えます。このような状況を踏まえ、よりよい二十一世紀社会を築くために、人類誕生から現在に至る「人類の遺産・教訓」としてのあらゆる分野の歴史と文化を「歴史文化ライブラリー」として刊行することといたしました。

小社は、安政四年（一八五七）の創業以来、一貫して歴史学を中心とした専門出版社として書籍を刊行しつづけてまいりました。その経験を生かし、学問成果にもとづいた本叢書を刊行し社会的要請に応えて行きたいと考えております。

現代は、マスメディアが発達した高度情報化社会といわれますが、私どもはあくまでも活字を主体とした出版こそ、ものの本質を考える基礎と信じ、本叢書をとおして社会に訴えてまいりたいと思います。これから生まれでる一冊一冊が、それぞれの読者を知的冒険の旅へと誘い、希望に満ちた人類の未来を構築する糧となれば幸いです。

吉川弘文館

〈オンデマンド版〉
宿場の日本史
街道に生きる

歴史文化ライブラリー
198

2018年（平成30）10月1日　発行

著　者　宇佐美《うさみ》ミサ子《こ》
発行者　吉　川　道　郎
発行所　株式会社　吉川弘文館
〒113-0033　東京都文京区本郷7丁目2番8号
TEL　03-3813-9151〈代表〉
URL　http://www.yoshikawa-k.co.jp/

印刷・製本　大日本印刷株式会社
装　幀　清水良洋・宮崎萌美

宇佐美ミサ子（1930～）

ISBN978-4-642-75598-6